스마트 학습을 위한 디지털 테크놀로지 활용

최명숙 · 이애화 공저

학지사

머리말

우리는 스마트 기술로 둘러싸인 환경에서 살고 있습니다. 아침에 눈을 떠서 밤에 잠들 때까지 스마트폰으로 메일을 확인하고, 전자결제를 하며, 여행 정보를 찾고, 책과 음악을 즐기고, 사람들과 소통하고 있습니다. 우리는 잠시도 스마트폰을 손에서 놓지 못하고 있으며, 스마트폰이나 스마트 기기가 없으면 불안해합니다. 물리적인 공간보다 온라인 공간을 더 편안하고 친밀하게 느끼기도 합니다. 이 책은 우리의 생활 속에서 보편화된 스마트 테크놀로지가 교육에는 어떻게 활용될 수 있을까라는 생각에서 출발하게 되었습니다.

이 책의 집필을 결정하기까지 망설임이 많았습니다. 최신 스마트 테크놀로지 관련 교재들이 시중에 나와 있는데 굳이 교육학 전공자가 이러한 교재를 집필하는 것이 적절한 것인가에 대해 고민했습니다. 최근에는 대학의 교수학습개발센터를 통해 다양한 테크놀로지 활용 교수법이 제공되고 있고, 교수님들의 호응도 좋은 편입니다. 그러나 일회성의 특강을 통한 테크놀로지의 기능 습득만으로는 실제 활용이 어렵다는 것을 발견하였습니다. 저자들은 어떻게 하면 교수자의 부담을 줄이면서 쉽게 활용할 수 있을지를 고민하였고, 직접 수업에 적용하면서 여러 도구의 교육적 활용 가능성을 분석하였습니다.

이 책은 테크놀로지의 기능 중심이 아닌 활용에 초점을 두고 있습니다. 강의의 시작–실행–마무리의 흐름을 따라서 각 테크놀로지의 활용 방법을 소개하고 있습니다. 스마트 테크놀로지 자체에 대한 이해뿐만 아니라 교수님들이 실제 강의 장면에서 어떻게 적용할 수 있는지에 대한 아이디어를 제공하고자 하였습니다.

제1장은 SNS를 활용한 스마트 강의실을 구축하는 방법을 소개합니다. 대학에서 자체 구축한 학습관리시스템(Learning Management System: LMS)이 아니라 네이버 밴드를 중심으로 스마트 기반의 강의실을 구축하여 학생들과의 상호작용, 팀별 토론, 과제 공유, 설문, 수업일정 관리 등의 활동을 예시와 함께 제공합니다.

제2장은 강의 초기에 학습자 분석을 위해 네이버 폼을 이용하여 설문을 실시하고 그 결과를 그래프나 표로 만들어 학생들과 공유하는 방법을 안내합니다.

제3장은 학습자의 동기유발을 위한 동영상을 검색, 편집, 제작, 공유하는 방법을 다룹니다. 다양한 사이트로부터 동영상을 효과적으로 검색하는 방법과 내 컴퓨터에 저장하는 방법, 학습자의 스마트 기기로 동영상 주소를 배포하는 방법 등을 소개합니다.

제4장은 최근에 많은 관심을 받는 플립러닝(Flipped learning)을 위해 짧은 동영상을 제작하고자 할 때, 복잡한 장비와 소프트웨어 없이 간단하게 동영상을 직접 제작할 수 있는 여러 가지 방법을 소개합니다.

제5장은 현재 가장 널리 활용되고 있는 강력한 프레젠테이션 도구인 파워포인트의 활용방법을 소개합니다. 이미 많은 교수님이 파워포인트에 대한 기본적인 이해를 하고 있다고 가정하고, 파워포인트를 수업에서 좀 더 효과적으로 활용할 수 있는 노하우를 소개합니다.

제6장은 강의의 중간점검과 최종 평가를 위한 도구로써 구글 설문을 소개합니다. 구글 설문은 별도의 비용 없이 손쉽게 설문을 제작할 수 있고, 스마트 기기와 메일 등 다양한 수단을 통해 배포할 수 있습니다. 또한 교육뿐만 아니라 연구용으로도 활용 가능합니다.

제7장은 수업 중 청중의 반응을 실시간으로 확인할 수 있게 도와주는 스마트 클리커(Smart Clicker) 서비스를 소개합니다. 스마트 클리커 서비스는 교수자의 질문에 학생들이 응답하면 실시간으로 학생들의 반응을 집계하여 보여 주는 서비스입니다. 학생들의 솔직한 의견이나 수업내용에 대한 이해도를 한눈에 파악하여 수업의 집중도

를 높일 수 있고 더욱 효과적인 수업 진행이 가능합니다.

제8장은 설명식 수업의 단점을 보완하고 학습자의 참여와 활발한 상호작용을 도와줄 수 있는 심플로우(Symflow)를 활용합니다. 교수자들은 발표자료를 업로드하거나 간단한 설문이나 퀴즈를 내어 실시간으로 응답을 확인할 수 있으며, 학습자는 언제든지 의견이나 질문을 올려서 피드백을 받을 수 있습니다. 심플로우는 별도의 가입 절차 없이 강의 사이트에 접속하면 바로 입장할 수 있는 장점이 있습니다.

제9장은 창의적 문제해결을 위한 스마트 협업도구로서 패들릿(Padlet)을 소개합니다. 패들릿은 자료 배열을 자유롭게 할 수 있어 훨씬 직관적으로 자료를 정리할 수 있으므로 온라인 칠판 대용으로 사용할 수 있고, 학습 정리를 하거나 다양한 의견이나 자료를 수집할 때 활용하면 좋습니다.

제10장은 스마트 테크놀로지 기반은 아니지만, 성적처리나 데이터 분석을 위해 가장 많이 활용하는 엑셀의 간단한 몇 가지 팁과 함수를 소개합니다. 엑셀을 활용하면 반복적인 작업을 간편하게 처리할 수 있으며, 한번 문서를 작성해 두면 다음 학기에도 같은 서식을 사용해서 계속 만들 수 있는 장점이 있습니다.

마지막으로 제11장은 최근에 관심을 받는 그래픽 커뮤니케이션 도구인 인포그래픽(Infographics)을 소개합니다. 파워포인트와 인포그래픽의 적절한 활용을 통해 더욱 매력적인 교수자료 개발을 위한 팁을 제공합니다.

이 책을 집필하면서 줄곧 테크놀로지의 기능 중심이 아닌 활용 쪽에 비중을 두고자 노력하였지만, 여전히 부족한 부분들이 남아 있습니다. 또한 스마트 기술의 변화로 인해 교재를 집필하는 동안에도 내용이 바뀌기도 했습니다. 여러 가지 면에서 부족하고 아쉬운 부분들이 남아 있지만 용기를 내어 출판을 결심하게 되었습니다. 이 책의 출판을 위해 애써 주신 학지사 박용호 이사님과 관계자분들께 감사드립니다.

2017년 1월

저자 일동

차 례

제1절 스마트 강의실 생성하기

1. 밴드 설치 및 PC와 연동하기
2. 수업용 밴드 만들기
3. 수업용 밴드 초대하기
4. 밴드 멤버 소개하기

제2절 스마트 강의실 활용하기

1. 수업자료 올리기와 공지하기
2. 학생들과 상호작용하기
3. 학습과제 공유하기
4. 팀별 토론, 학습상담하기
5. 설문, 퀴즈, 동료평가하기
6. 수업일정 관리하기

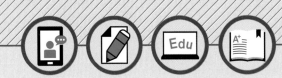

제 1 장

SNS를 활용한 스마트 강의실 구축

교수자 중심에서 학습자 중심으로 교육의 패러다임이 옮겨가면서 교수자의 일방적인 설명식 수업보다는 토론학습, 협동학습, 문제중심학습, 프로젝트학습 등의 다양한 학습자 중심 수업이 이루어지고 있다. 수업은 강의실뿐만 아니라 온라인 공간으로 확장되어 언제, 어디서나 학습이 이루어질 수 있으며, 교수자와 학습자, 학습자와 학습자, 학습자와 학습내용 간에 더욱 활발한 상호작용이 가능하게 되었다. 많은 대학이 이러한 온라인 학습 환경을 지원하기 위해 블랙보드나 무들, 혹은 대학에서 자체 구축한 학습관리시스템(Learning Management System, LMS)을 활용하고 있다. 만일 이러한 시스템을 활용할 수 있다면 좋겠지만, 그것이 어렵다면 소셜 네트워크 환경을 이용하여 무료로 온라인 강의실을 개설하여 활용할 수 있다.

이 장은 네이버 밴드(Naver Band)를 이용한 스마트 강의실의 구축 및 활용사례를 소개한다. 네이버 밴드는 LMS만큼 다양한 기능을 가지고 있지는 않지만 모바일 기반의 스마트 강의실로 활용할 수 있다는 점이 가장 큰 장점이라 할 수 있다.

제1절 스마트 강의실 생성하기

1. 밴드 설치 및 PC와 연동하기

① 모바일에서 구글 플레이스토어나 애플 앱스토어를 실행하여 '네이버 밴드'를 검색한 후 설치한다.

② 회원가입 절차에 따라 네이버 밴드에 가입한다.

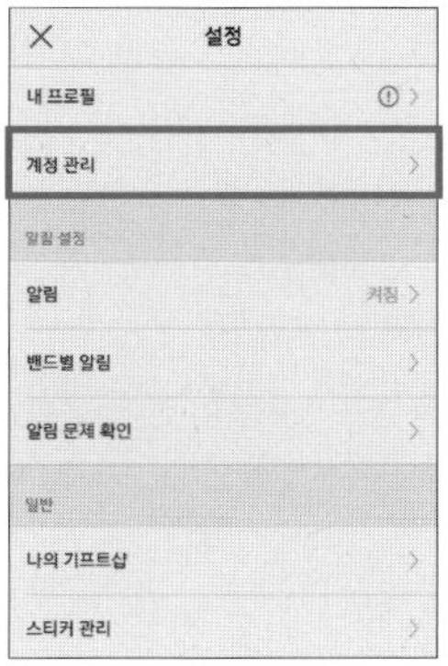

③ PC버전과 연동을 위해 설정 메뉴로 들어가서 [계정 관리]를 선택하고 네이버나 페이스북, 혹은 개인 이메일을 등록한다.

④ PC에서 네이버 밴드 사이트(http://band.us)로 접속하여 위에서 설정한 계정으로 로그인한다.

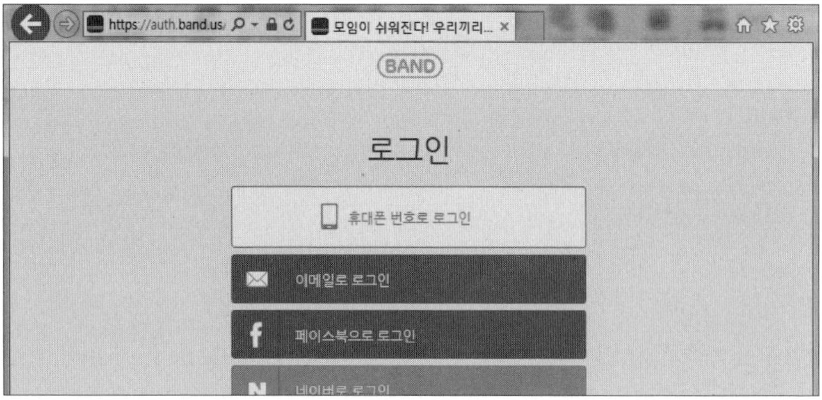

2. 수업용 밴드 만들기

① 모바일에서 밴드 앱을 실행하고 [새 밴드 만들기]를 선택한다.

② 밴드 제목과 표지 커버와 밴드 타입을 설정하고 밴드 만들기를 완성한다. 밴드

제목은 교과목명을 입력하고, 표지 커버는 제공되는 표지를 선택하거나 혹은 직접 원하는 이미지를 업로드할 수 있다. 밴드 타입은 수업자료에 접근할 수 있는 권한을 부여하는 것이므로, 저작권 문제에 결부되지 않도록 수강생만 가입할 수 있는 비공개 타입을 권장한다.

3. 수업용 밴드 초대하기

(1) 강의실로 수강생 초대하기

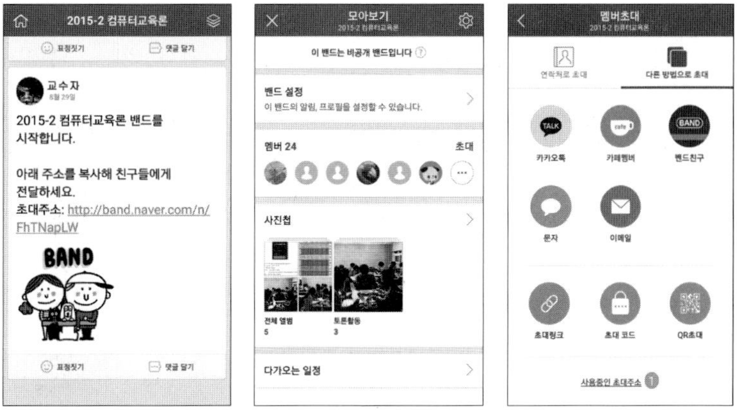

밴드가 생성되면 첫 게시글에 URL 주소가 제공된다. 수강생들의 밴드 가입을 위해서는 이 주소를 전달하거나 밴드 설정 메뉴의 [멤버 초대]로 들어가서 [QR 초대]를 이용하여 초대할 수 있다.

(2) QR코드로 밴드 가입하기

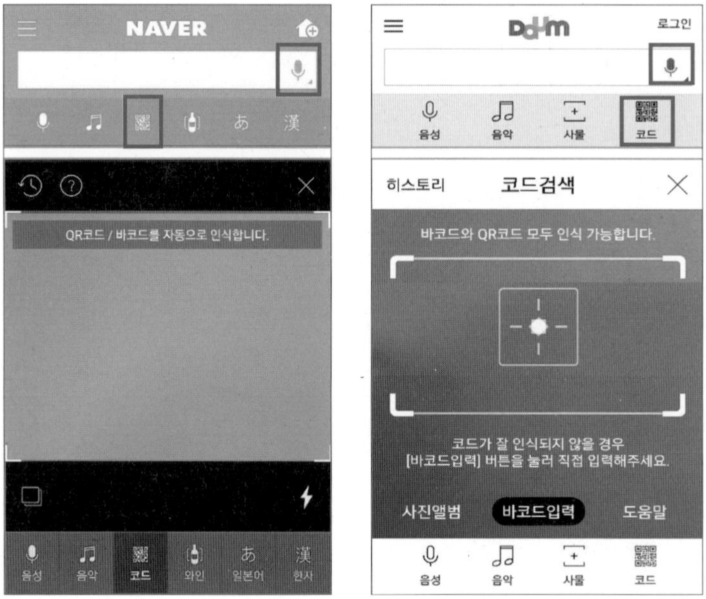

① 네이버(Naver)나 다음(Daum) 애플리케이션에서 검색창 옆에 있는 마이크 모양의 아이콘을 선택하고 코드 아이콘을 터치한다.

② QR코드를 사각형 안에 들어오게 맞추면 수업용 밴드 강의실로 이동할 수 있다.

4. 밴드 멤버 소개하기

(1) 자기소개를 위한 개성있는 이미지 만들기

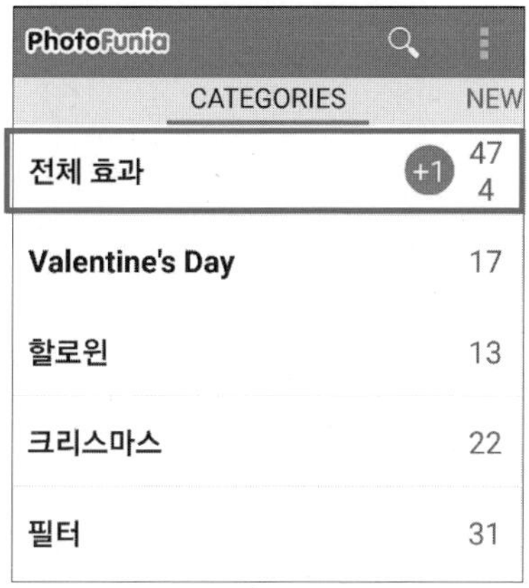

① 모바일에서 플레이스토어나 앱스토어를 실행하고 'PhotoFunia'를 검색하여 설치한다.

② 포토퍼니아(PhotoFunia) 애플리케이션을 실행하고 상단 메뉴의 'CATEGORIES'에서 [전체 효과] 메뉴를 선택한다.

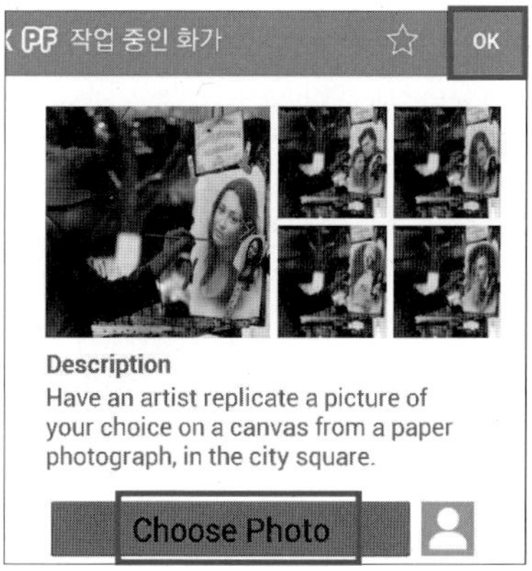

③ 마음에 드는 효과를 선택한 후, 효과에 삽입할 사진을 선택하기 위해 [Choose

Photo]를 터치한다.

④ 직접 사진을 촬영하거나 폰에 저장된 사진을 선택한 후 [OK] 버튼을 터치한다.

⑤ 개성있는 자기소개 이미지가 완성되었으면 디스켓 모양의 버튼을 터치하여 저장한다.

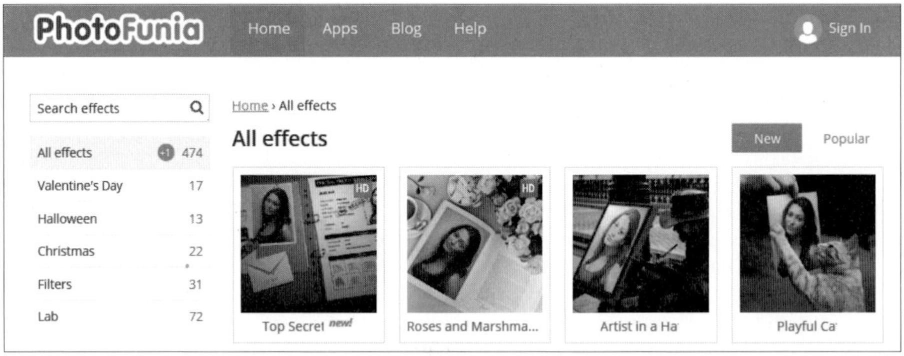

⑥ 일반 PC에서 작업할 경우, 포토퍼니아 사이트(http://photofunia.com)로 접속하면 작업이 가능하다.

(2) 자기소개 앨범 만들기

① 학생들이 제작한 자기소개 이미지는 수업용 밴드의 앨범에 모아서 공유할 수 있다.

② 밴드 설정으로 들어가 사진첩에서 [새 앨범 만들기]를 선택하고, 앨범 제목(자기소개)을 입력한다.

③ 학생들에게 [사진 올리기] 메뉴를 선택하여 포토퍼니아로 만들어 둔 이미지를 '자기소개' 앨범에 각자 업로드하도록 안내한다.

Tip 아바타 그리기로 동료멤버 소개하기

강의 첫 시간은 처음 만나는 동료들과 긴장감, 어색함이 가득한 분위기 속에서 시작하게 된다. 서먹하고 썰렁한 분위기를 깨뜨리고 능동적인 소통을 위해서는 '아바타 그리기'를 활용할 수 있다. 아바타 그리기는 짧은 시간 동안 상대의 눈만 바라보며 초상화를 그려주는 것으로 2명씩 1조가 되어 상대방의 얼굴을 그려주면 된다. 이때 서로의 눈만 바라보며 얼굴을 그리기 때문에 그림이 이상하게 나오더라도 웃음과 즐거움을 줄 수 있다. 그리고 초상화 하단에 상대방의 이름과 첫인상에 대한 한 줄 메모를 적어 스마트 강의실 밴드의 사진첩 - 앨범방에 올려 공유하면 된다.

제2절 스마트 강의실 활용하기

1. 수업자료 올리기와 공지하기

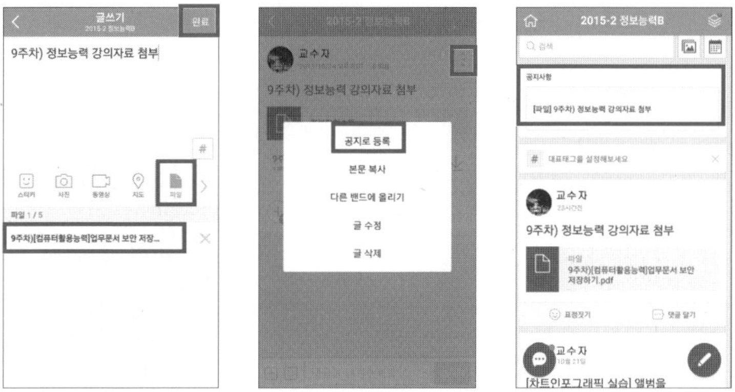

① 밴드의 글쓰기 기능을 선택하여 텍스트와 함께 사진, 동영상, 파일 형태의 자료를 첨부할 수 있다. 글쓰기가 완료되면 [공지로 등록]을 선택하여 최대 3개까지 화면 상단의 '공지사항'으로 안내할 수 있다.

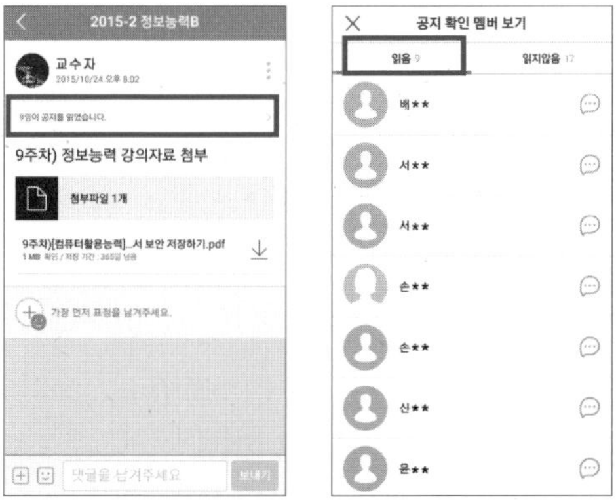

② 공지로 등록된 게시글은 '공지 확인 멤버 보기' 기능을 이용하여 멤버들이 공지 내용을 확인했는지 여부를 알 수 있다.

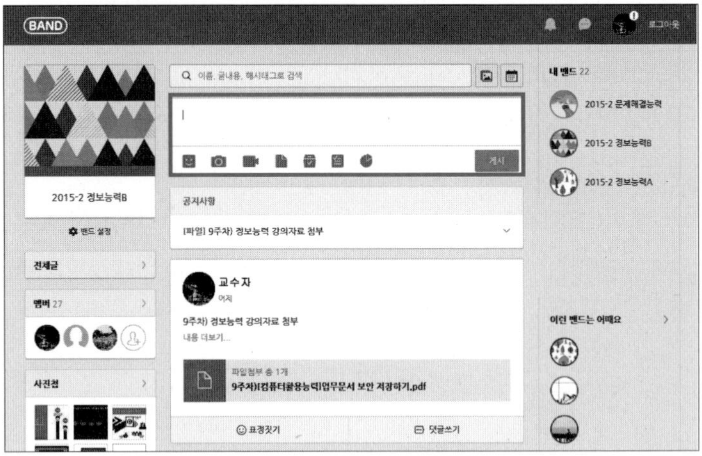

③ 네이버 밴드 PC버전으로도 텍스트, 사진, 동영상, 파일 등이 포함된 게시글을 작성할 수 있다.

Tip 해시태그(#)로 수업자료 빠르게 찾기

해시태그란 특정단어 또는 문구 앞에 해시(#)를 붙여 연관된 게시글을 모아서 보여 주는 기능이다. 특히 소셜 네트워크 서비스(Social Network Service, SNS)에서 검색의 편리함을 위해 도입된 기능이지만, 특정 주제에 대한 관심과 지지를 드러내는 방식이나 수단으로 사용되기도 한다.

네이버 밴드로 구축한 스마트 강의실의 게시판에는 강의자료, 수업활동, 공지 등 다양한 자료가 한꺼번에 게시되기 때문에 이전의 자료를 쉽게 찾기 위해서는 해시태그를 설정하면 편리하다. 그 방법은 다음과 같다.

우선, 수업자료를 올리기 위해 글쓰기 상태에서 게시내용과 함께 # 아이콘을 터치해서 미리 등록되어 있는 대표태그명을 선택 삽입한다. 또는 '#' 기호와 대표태그명을 직접 입력하면 된다. 글쓰기를 완료한 후 [검색] 아이콘 또는 '공지사항' 아래쪽에 있는 대표태그를 터치하면 해당 자료만 검색되는 것을 확인할 수 있다.

대표태그명을 설정하려면 강의실 공지사항란 바로 아래 [설정(⚙)] 버튼을 터치하여 [강의자료] [강의활동] [과제제출] [공지안내] 등과 같이 추가 등록할 수 있다.

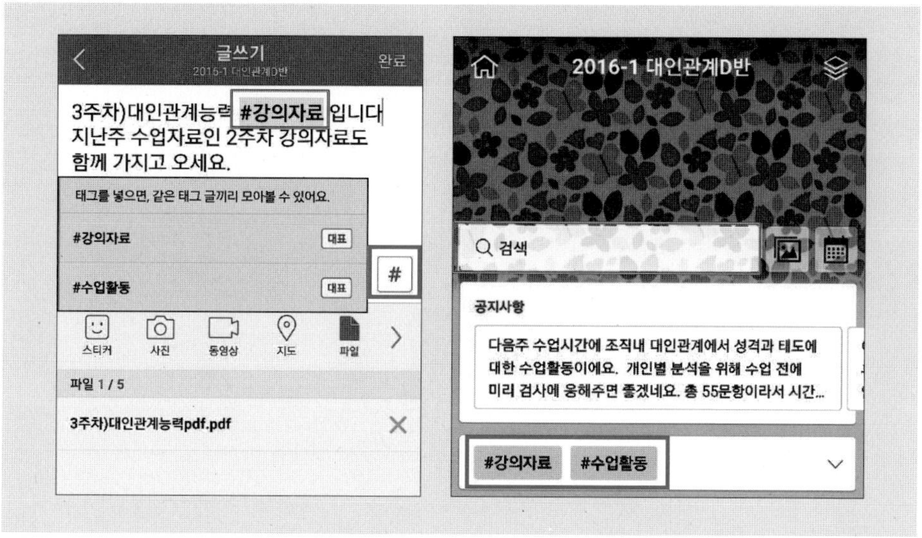

2. 학생들과 상호작용하기

① 학생들에게 질문에 대한 답을 하게 하거나 의견을 개진하게 하는 것은 어려운 일이다. 밴드의 댓글 기능은 개인의 생각과 의견을 끌어내는 데 유용하게 활용될 수 있다. 또한 교수자나 동료들로부터 다양한 피드백과 의견을 받을 수도 있다.

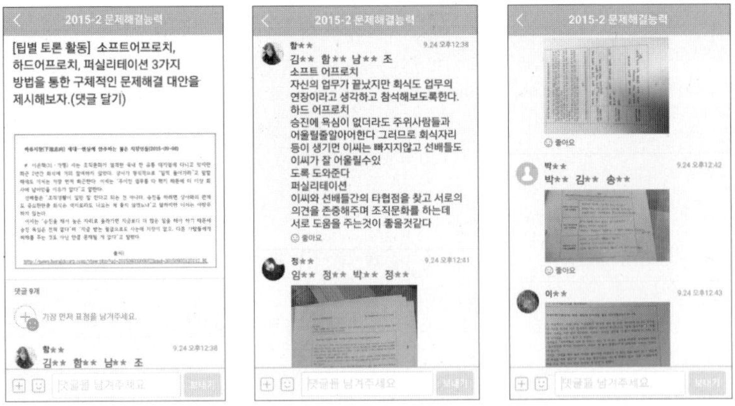

② 팀별 토론의 결과는 텍스트로 요약해서 댓글로 입력하거나 메모한 내용을 사진으로 첨부할 수 있다. 교수자는 팀별로 제출한 토론 내용을 요약하여 피드백을 제공할 수 있다. 또한 토론활동 내용을 정리하여 다음 차시에서 복습내용으로 설명할 수 있다.

③ 수업 중 학습관련 자료를 학생들에게 직접 검색한 후 그 결과를 바로 올리도록 한다. 이러한 활동을 통해 학생들의 학습동기를 유발하고 학습내용을 심화할 수 있다.

3. 학습과제 공유하기

사진첩에서 앨범 기능을 이용하여 과제방을 개설한 후 개인과제를 업로드한다. 단, 앨범은 '이미지'로 제출되는 파일 형식만 탑재 가능하다.

4. 팀별 토론, 학습상담하기

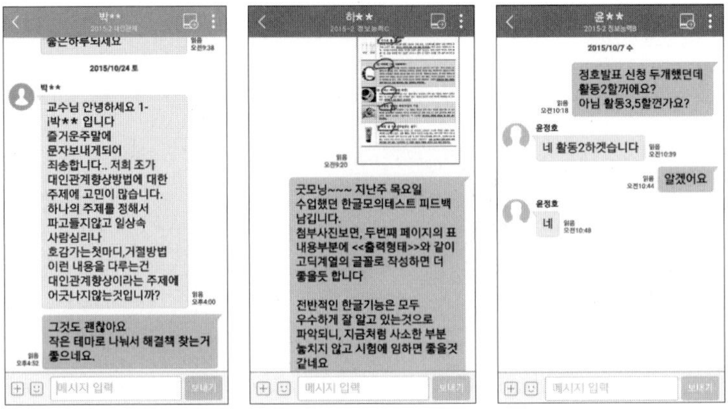

밴드의 채팅 기능을 이용하여 팀별 토론방을 개설하거나 개별 학생과의 실시간 상담 또는 피드백을 제공할 수 있다.

5. 설문, 퀴즈, 동료평가하기

① 밴드의 투표 기능은 간단한 설문 기능을 제공한다. 이를 이용하여 간단한 수업

평가나 퀴즈, 동료평가를 실시할 수 있다. 강의 중간 시점에서 무기명으로 학생들에게 수업에 대한 간단한 의견 조사를 실시하여 수업 개선의 자료로 활용할 수 있다.

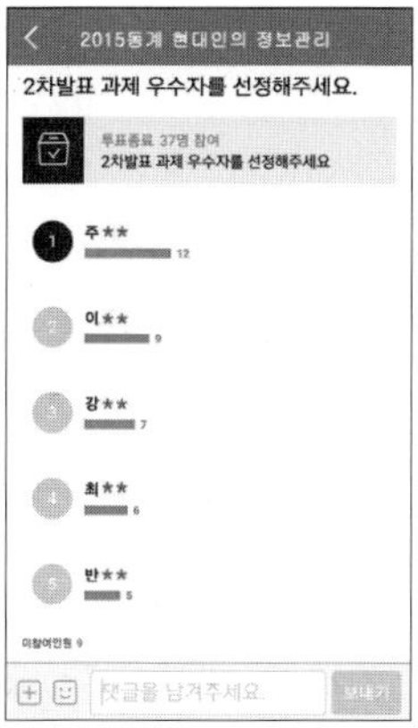

② 개별과제나 팀별과제 발표 후 교수자는 밴드의 투표 기능을 이용하여 동료평가를 실시할 수 있다. 평가 후 결과는 그래프로 요약되어 보인다.

6. 수업일정 관리하기

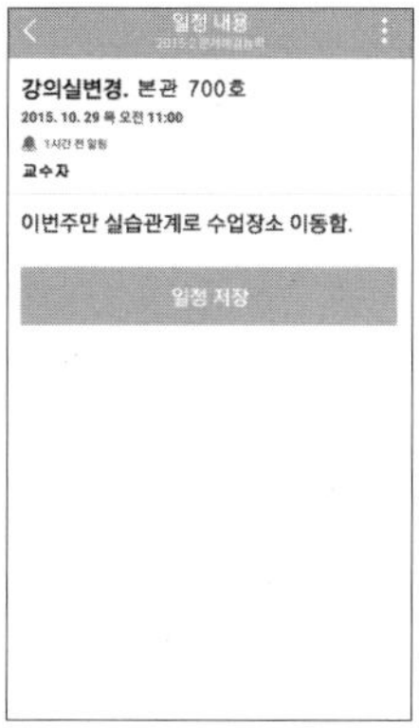

일정 등록 기능을 이용하여 과제일정, 중간고사, 기말고사, 기타 사항 등을 설정하고, 자동 알림 옵션으로 이를 학생들에게 편리하게 공지할 수 있다.

Tip 클래스팅으로 온라인 교실 운영하기

교실의 원활한 커뮤니케이션과 온라인 학습을 도와주는 교육용 소셜 플랫폼으로 클래스팅(Classting)을 소개한다. 클래스팅이란 교실을 뜻하는 'Class'와 'Meeting'의 합성어로, 정규 공교육 기관 수업 현장에서 무료로 활용할 수 있는 교육 플랫폼이다. '교사가 만든 SNS'라는 별칭으로 불리며 초중고등학교 교사들 사이에서 입소문으로 성장한 서비스다.

클래스팅의 가장 큰 장점은 학부모와 학생이 스마트폰을 이용하여 학급 정보에 빠르

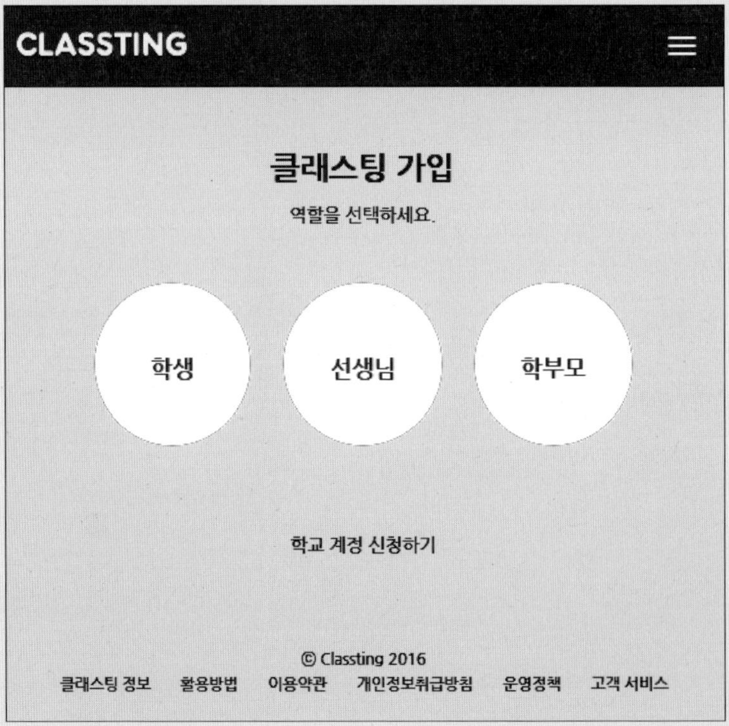

게 접근할 수 있고, 사진과 동영상 등 수업자료를 공유할 수 있으며 알림 서비스를 통해 알림장, 공지사항, 수업자료의 게시 상황을 가정과 직장에서 편하게 받아 볼 수 있는 것이다.
바쁜 학부모들은 직장, 외부 활동 중에도 간편하게 학급 정보를 받아볼 수 있어 좋고, 학생들은 보다 친근한 기기를 이용하여 흥미로운 동영상, 사진 등의 콘텐츠를 활용하여 시공간에 제약 받지 않고 학습에 참여할 수 있다. 물론 교사도 장소에 구애받지 않고 학급정보를 실시간으로 확인하고 자료를 업로드할 수 있어 편리하다. 가입은 스마트폰과 PC(http://www.classting.com)에서 모두 가능하다.

제1절 네이버 폼을 이용한 설문 작성하기

1. 학습자 분석용 설문지 만들기
2. 학습자 분석용 설문 주소 배포하기
3. 학습자 분석용 설문 응답 받기

제2절 네이버 폼을 이용한 설문 결과보기

1. 설문 결과 요약보기
2. 설문 결과 자세히보기
3. 설문 결과 저장하기

제3절 설문 응답 데이터 엑셀로 통계 분석하기

1. 통계 분석을 위한 데이터 코딩하기
2. 데이터 분석 도구로 기술통계 분석하기
3. 피벗 테이블로 데이터 분석표 작성하기
4. 피벗 차트로 결과 그래프 작성하기

제 2 장

학습자 분석을 위한 온라인 설문과 엑셀통계

강의나 연구를 수행하면서 가끔 설문조사가 필요할 때가 있다. 강의 초기에 학습자 배경 특성이나 선행지식을 파악하기 위해 간단한 설문이나 퀴즈를 실시하고자 하는 경우 등이 그 예다. 강의만족도 조사나 연구를 위한 의견조사와 심리 검사의 경우에도 설문이 필요하다. 또한 최근에는 사용자의 빠른 접근과 편리한 응답 및 데이터 처리를 위해 온라인 설문조사가 널리 활용되고 있다. '구글 설문'이나 '네이버 폼'은 무료로 사용할 수 있는 대표적인 온라인 설문도구다. 이 도구들은 SNS를 통해 온라인 설문을 공지하고 설문 링크를 보내서 바로 응답할 수 있게 한다. 클라우드 서비스와 연동하여 스마트 기기에서도 설문 응답 결과를 모니터링하고 데이터를 백업 관리할 수 있다. 이 장에서는 네이버 폼을 활용한 설문 생성과 배포, 엑셀을 활용한 통계 분석 및 결과 그래프 작성 방법을 소개하고자 한다.

제1절 네이버 폼을 이용한 설문 작성하기

1. 학습자 분석용 설문지 만들기

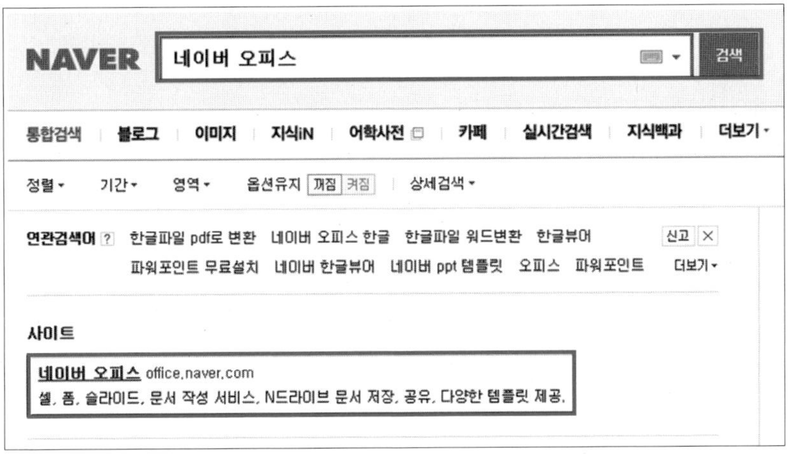

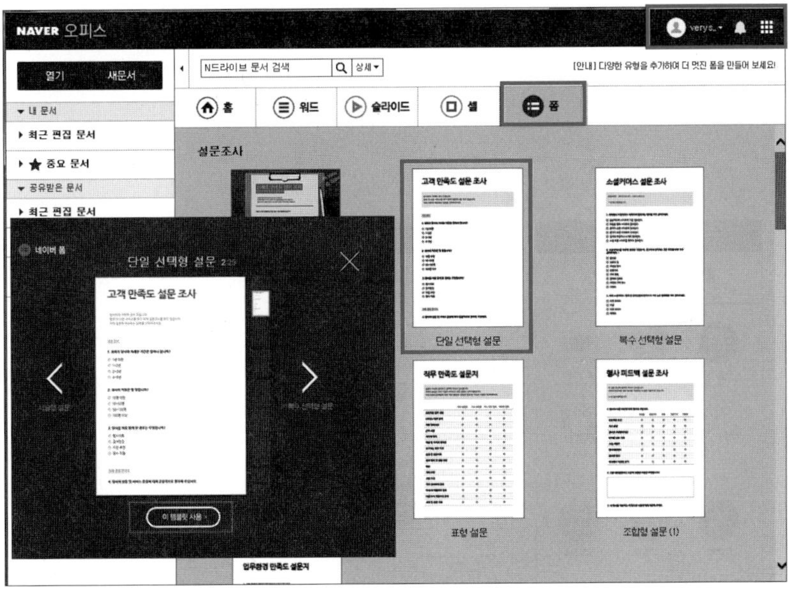

① 네이버 오피스(http://office.naver.com)에서 로그인한 후 '폼' 메뉴로 들어간다.

② '폼' 탭에서 설문조사 템플릿 중 마음에 드는 유형을 클릭한 후 [이 템플릿 사용] 버튼을 클릭한다.

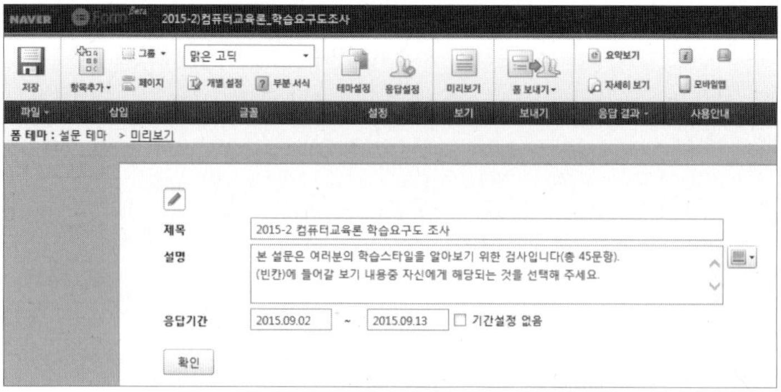

③ 설문조사 제목과 설명, 응답기간을 설정한다. 이 기능은 수업일정에 맞추어 미리 설문을 준비해 둘 수 있어 유용하다(구글 설문도구에는 현재 이러한 기능이 없다).

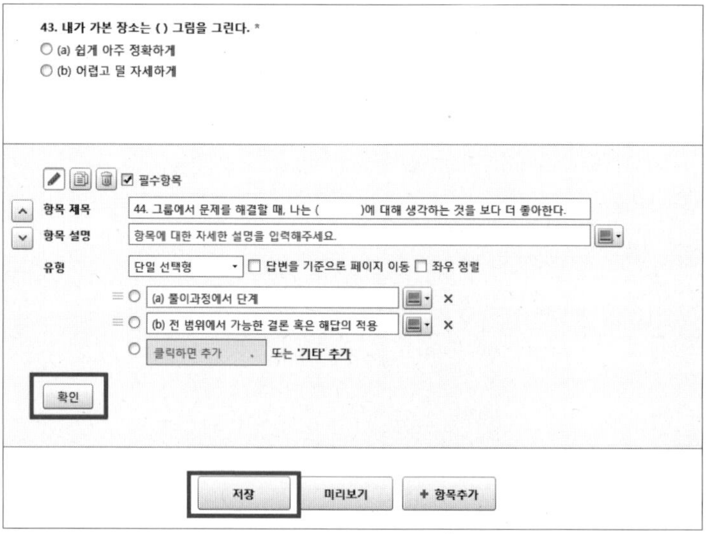

④ 설문문항의 제목과 설명(설문 응답방법), 유형을 선택하여 설문지를 작성한다. 설

문지 작성을 완료하려면 마지막 문항까지 입력한 후 [확인] 버튼과 현재 페이지 하단의 [저장] 버튼을 클릭한다.

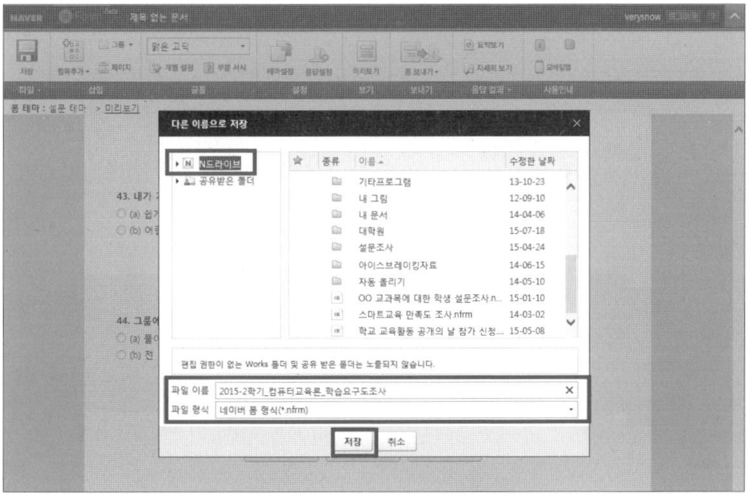

⑤ 설문조사 양식을 본인 네이버 계정의 클라우드 드라이브에 저장해야 미리보기 및 설문조사지를 배포할 수 있다.

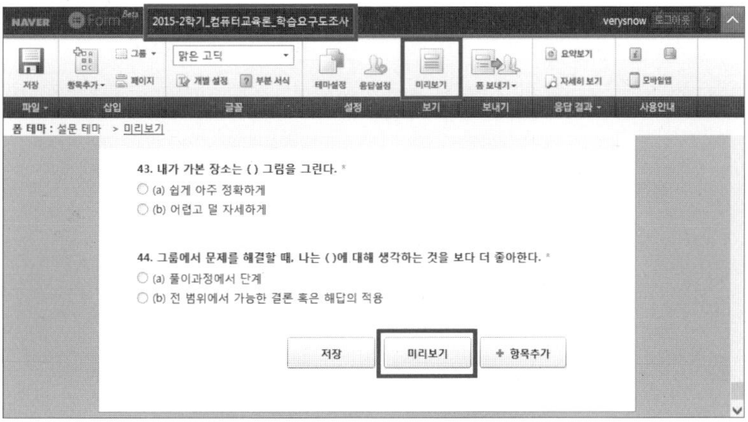

⑥ 설문조사 양식이 저장되면 [미리보기] 버튼을 클릭하여 오탈자 및 수정 사항은 없는지 검토한다.

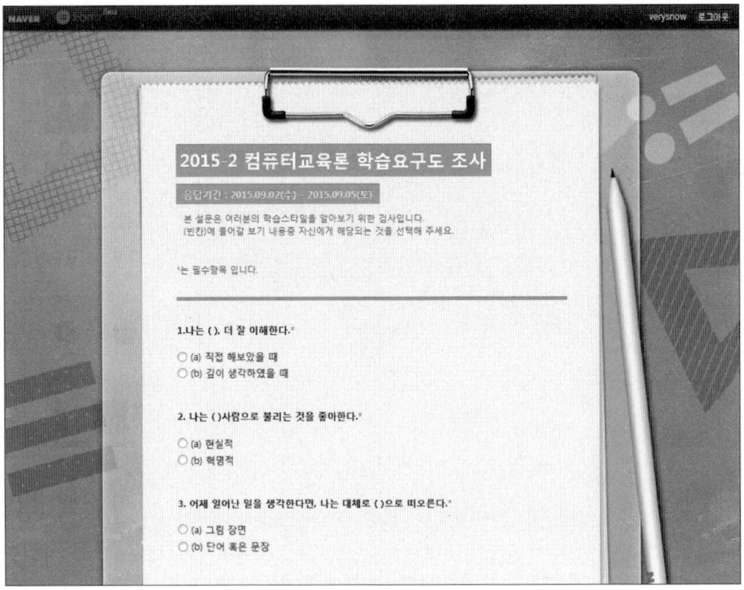

2. 학습자 분석용 설문 주소 배포하기

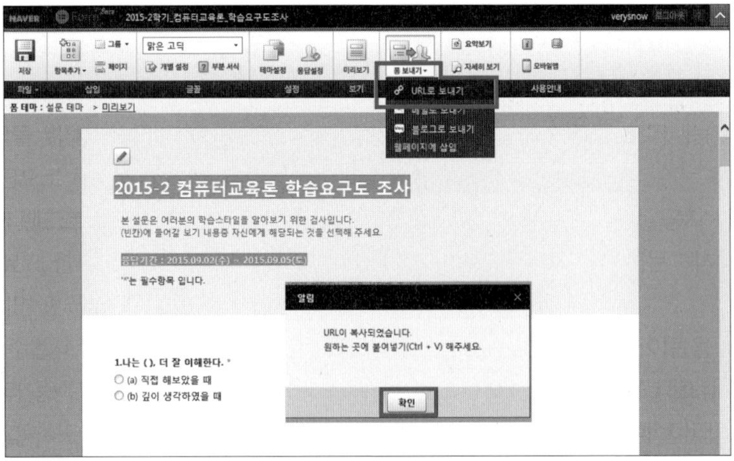

① 설문 주소를 배포하기 위해서는 [폼 보내기] – [URL로 보내기]를 클릭하면 설문 주소가 복사된다. 원하는 곳에 붙여넣기(Ctrl+V)만 하면 설문 주소를 확인 및 배포할 수 있다.

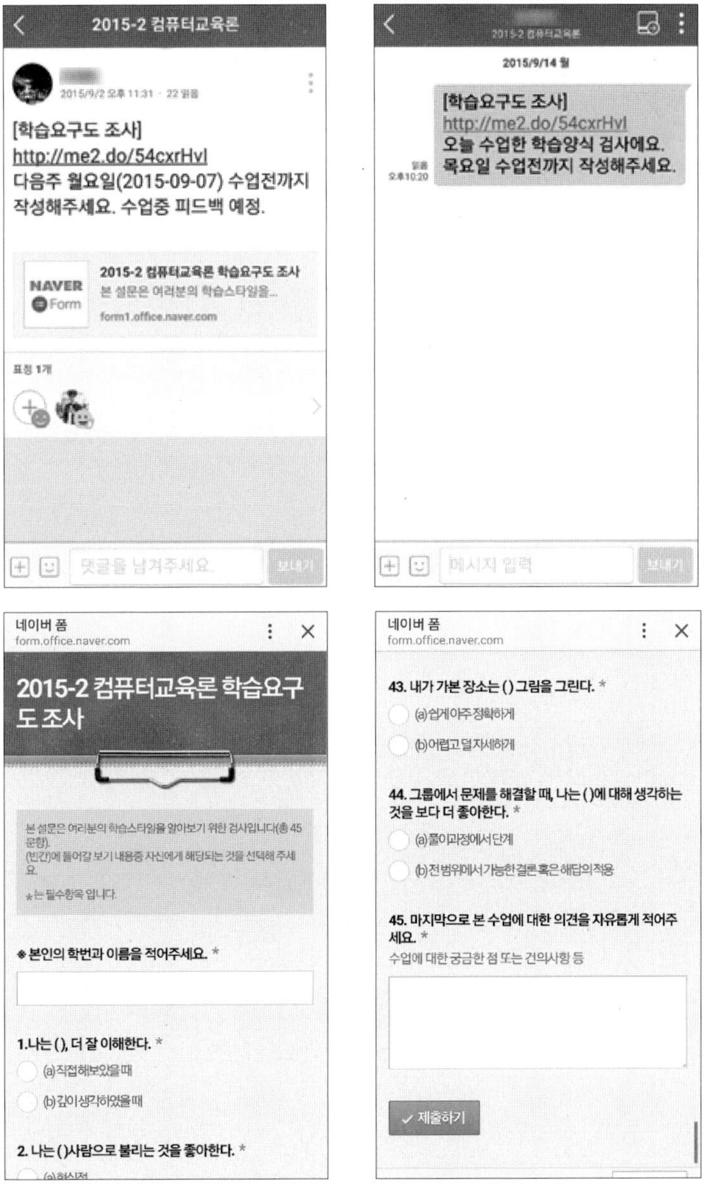

② 스마트 강의실의 게시판이나 모바일 메신저의 채팅방 또는 단문 메세지 서비스(Short Message Service, SMS)를 이용하여 설문조사 URL을 배포한 후 설문조사를 진행할 수 있다.

3. 학습자 분석용 설문 응답 받기

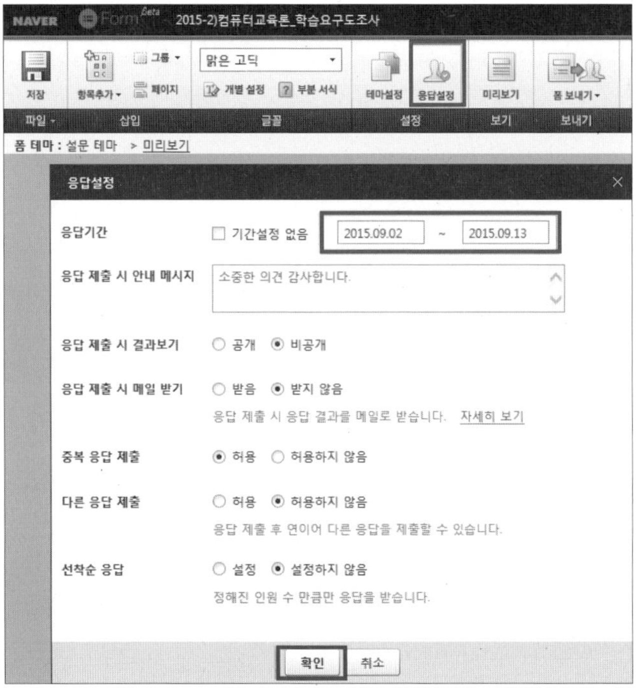

① 설문조사를 마감하려면 [응답설정] 버튼을 클릭하고 ‘응답기간’을 현재 날짜 기준으로 지나간 날짜로 설정한다. 응답설정 변경 후 해당 설문 주소로 접속하면 설문에 응답할 수 없다는 메시지가 나타난다.

제2절 네이버 폼을 이용한 설문 결과보기

1. 설문 결과 요약보기

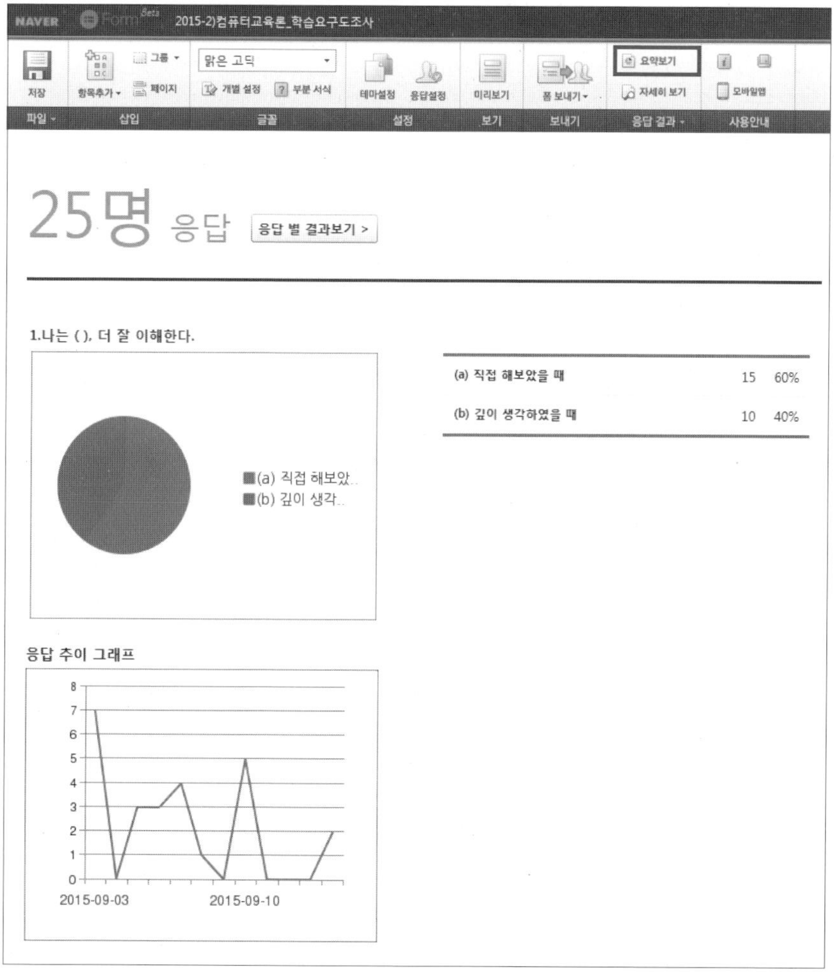

[요약보기] 메뉴를 클릭하면 설문조사에 응답한 총 인원, 문항별 빈도분석 차트, 결과표가 제시된다. 다음으로 설문에 응답한 날짜별로 응답 추이 그래프를 볼 수 있다.

2. 설문 결과 자세히보기

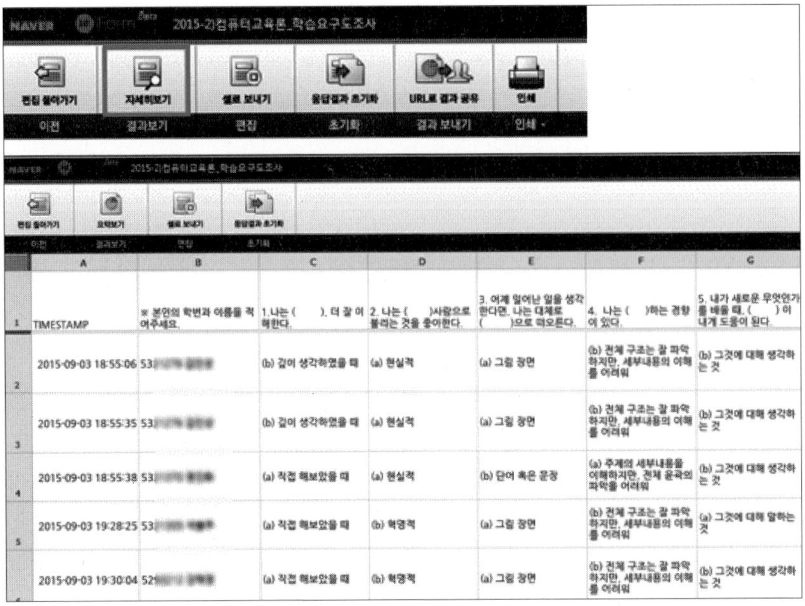

[자세히보기] 버튼을 클릭하면 설문조사에 응답한 시간인 타임스탬프(년 · 월 · 일, 시간)와 함께 설문 데이터를 항목별로 자세하게 살펴볼 수 있다.

3. 설문 결과 저장하기

① [셀로 보내기] 버튼을 클릭하면 네이버 오피스에서 운영하는 클라우드 엑셀 프로그램인 셀(Cell)에서 설문 응답내용을 확인할 수 있다.

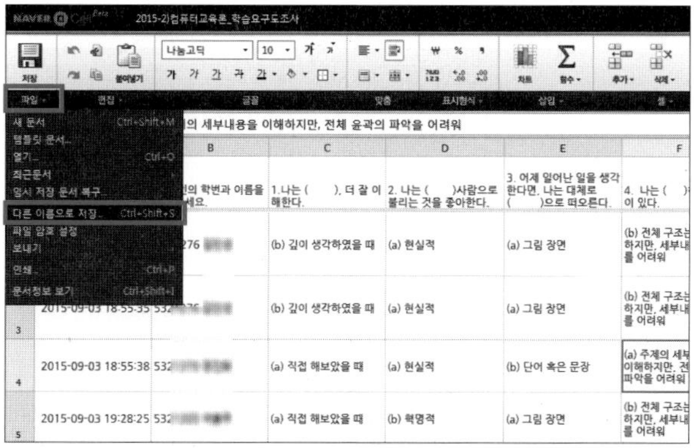

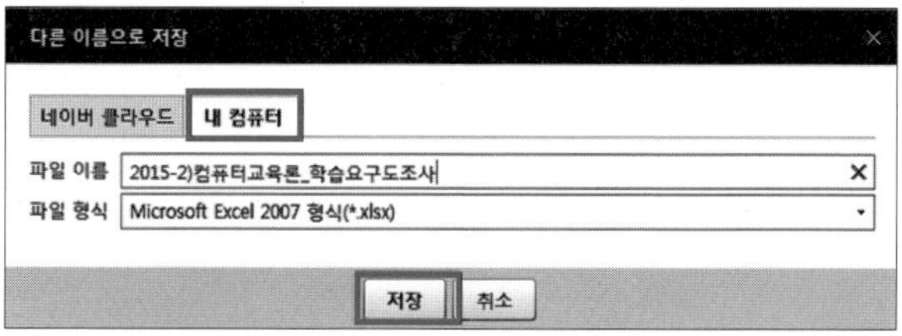

② [파일] – [다른 이름으로 저장] 버튼을 클릭하면 [다른 이름으로 저장] 창이 뜬다. '내 컴퓨터' 탭에서 파일 이름과 엑셀 파일 형식(*.xlsx)을 지정하고 [저장] 버튼을 클릭한다.

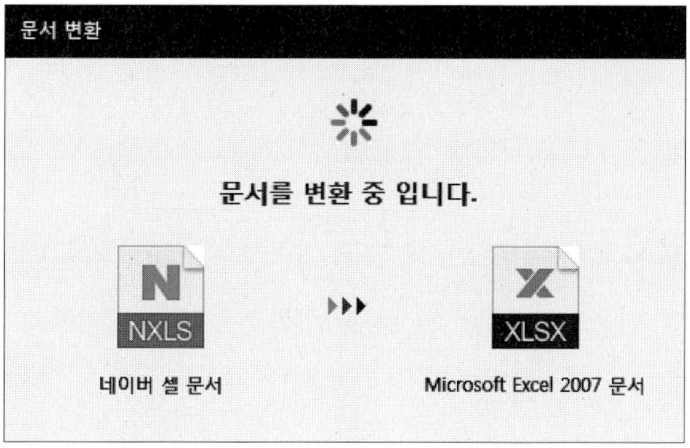

③ 문서변환 과정을 거쳐 최종적으로 엑셀 프로그램 2007 이상 버전에서 열리는 *.xlsx 파일을 확인할 수 있다.

제3절 설문 응답 데이터 엑셀로 통계 분석하기

1. 통계 분석을 위한 데이터 코딩하기

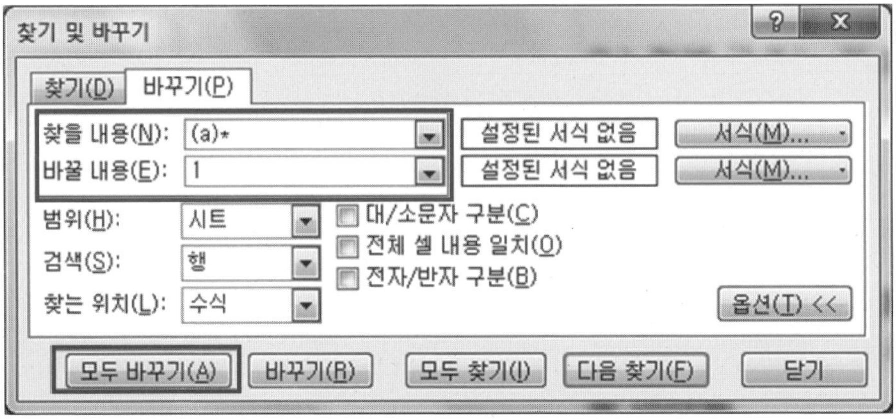

통계 분석을 위해서 설문 문항의 응답 데이터를 1, 2, 3 등 숫자 데이터로 코딩할 수 있다. 이때 찾을 내용에서 '(a) *'는 (a)로 시작하는 모든 데이터를 의미한다.

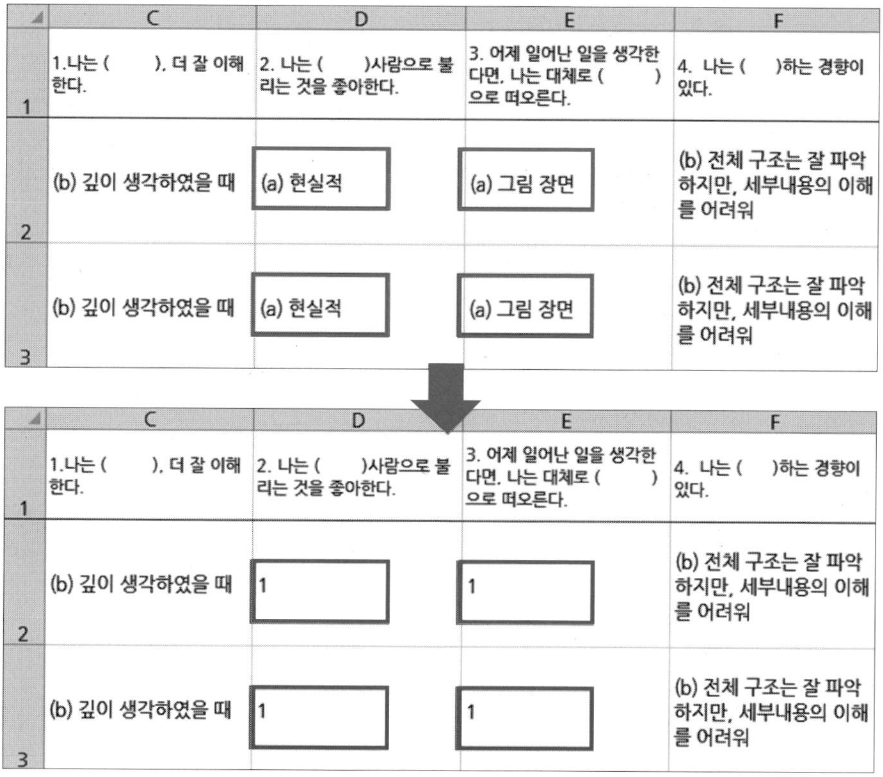

	C	D	E	F
1	1.나는 ( ), 더 잘 이해한다.	2. 나는 ( )사람으로 불리는 것을 좋아한다.	3. 어제 일어난 일을 생각한다면, 나는 대체로 ( )으로 떠오른다.	4. 나는 ( )하는 경향이 있다.
2	(b) 깊이 생각하였을 때	(a) 현실적	(a) 그림 장면	(b) 전체 구조는 잘 파악하지만, 세부내용의 이해를 어려워
3	(b) 깊이 생각하였을 때	(a) 현실적	(a) 그림 장면	(b) 전체 구조는 잘 파악하지만, 세부내용의 이해를 어려워

	C	D	E	F
1	1.나는 ( ), 더 잘 이해한다.	2. 나는 ( )사람으로 불리는 것을 좋아한다.	3. 어제 일어난 일을 생각한다면, 나는 대체로 ( )으로 떠오른다.	4. 나는 ( )하는 경향이 있다.
2	(b) 깊이 생각하였을 때	1	1	(b) 전체 구조는 잘 파악하지만, 세부내용의 이해를 어려워
3	(b) 깊이 생각하였을 때	1	1	(b) 전체 구조는 잘 파악하지만, 세부내용의 이해를 어려워

① 네이버 폼에서 조사한 설문 응답 엑셀파일을 열고, 해당 시트에서 [Ctrl+F] 단축키를 눌러 '찾기 및 바꾸기' 창을 연다.

② '바꾸기' 탭에서 찾을 내용에 '(a)*'를, 바꿀 내용에 '1'을 입력한다.

③ [모두 바꾸기] 버튼을 클릭하면 '(a)'로 시작하는 모든 설문응답 데이터가 '1'로 변경된다.

④ 보기 (b)로 시작하는 응답데이터를 '2'로 변경하려면 찾을 내용에 '(b)*'를 입력하고, 바꿀 내용에는 '2'를 입력하면 된다.

2. 데이터 분석 도구로 기술통계 분석하기

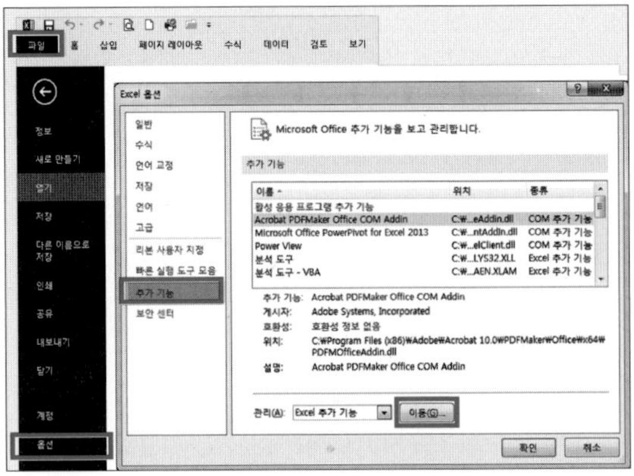

① 데이터 분석 도구를 사용하기 위해서는 [파일] – [옵션] 메뉴를 클릭하여 'Excel 옵션' 창에서 [추가기능] – [Excel 추가 기능] 메뉴를 선택하고 [이동] 버튼을 클릭한다.

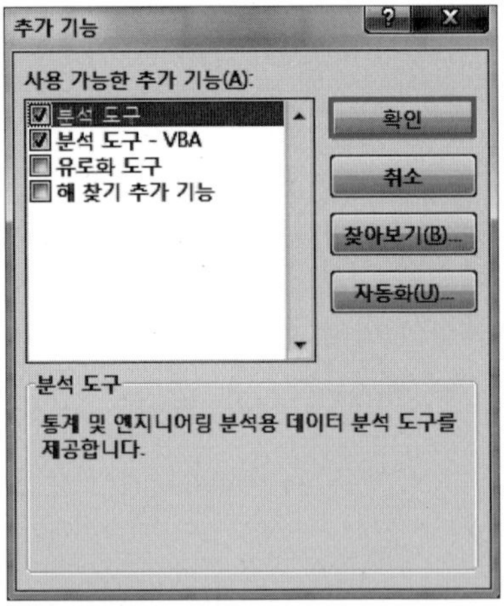

② [분석 도구] 메뉴를 체크하고 [확인] 버튼을 클릭하면 엑셀 프로그램의 상단에 [데이터] – [분석] 그룹의 [데이터 분석] 메뉴가 생성됨을 확인할 수 있다.

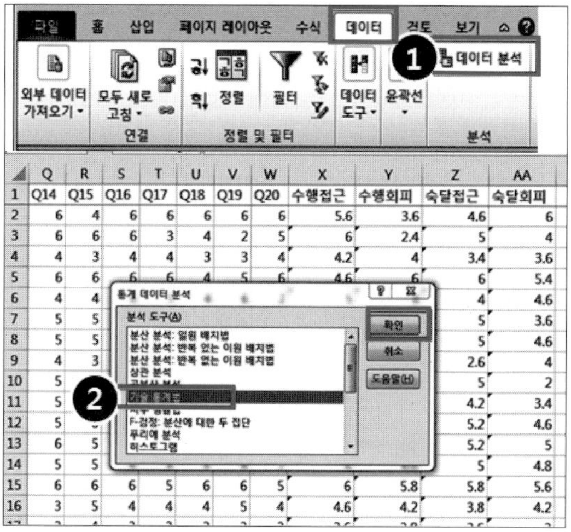

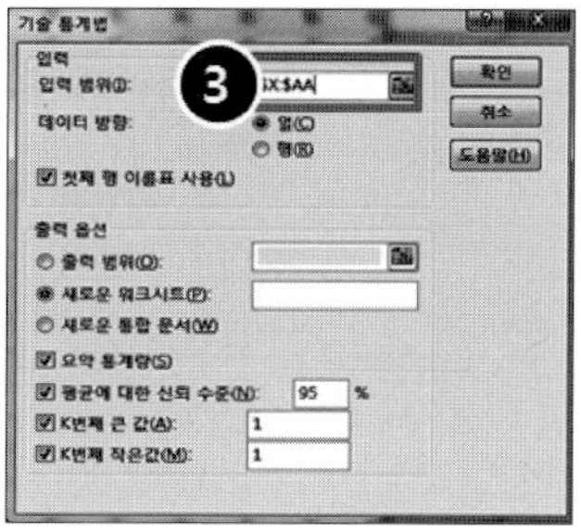

③ 기술통계 분석을 위해서 먼저 [데이터] – [데이터 분석] 메뉴를 클릭한다. '통계 데이터 분석' 창에서 [기술 통계법] 도구를 선택한다. 분석할 데이터를 입력 범위에 지정한 후 옵션을 설정하고 [확인] 버튼을 클릭해서 결과를 확인한다.

표 2-1 기술 통계법 옵션 메뉴

입력 범위(I)	기술통계량을 구하는 데 사용할 데이터 범위
데이터 방향	선택한 기준에 따라 기술통계량을 구함
첫째 행 이름표 사용(L)	첫 번째 행이 변수명인 경우에 선택
출력 범위(O)	데이터가 존재하는 동일한 시트 범위 내에서 결과를 나타낼 기준 셀
새로운 워크시트(P)	데이터가 존재하지 않는 새로운 워크시트에 출력
새로운 통합 문서(W)	출력 결과를 새로운 통합 문서(파일)로 저장
요약 통계량(S)	평균, 표준오차, 중앙값, 최빈값, 표준편차, 분산, 첨도, 왜도, 범위, 최대값, 최소값 등
평균에 대한 신뢰 수준(N)	일반적으로 90%, 95%, 99%를 많이 사용함
K번째 큰 값(A)/작은 값(M)	데이터에서 K번째로 큰 값과 작은 값 출력

	A	B	C	D	E	F	G	H
1	수행접근		수행회피		숙달접근		숙달회피	
2								
3	평균	4.357143	평균	3.742857	평균	4.2	평균	3.8
4	표준 오차	0.102385	표준 오차	0.112869	표준 오차	0.09605	표준 오차	0.112344
5	중앙값	4.2	중앙값	3.8	중앙값	4	중앙값	3.7
6	최빈값	5	최빈값	4	최빈값	3.8	최빈값	3.6
7	표준 편차	0.856615	표준 편차	0.94433	표준 편차	0.803615	표준 편차	0.939935
8	분산	0.733789	분산	0.89176	분산	0.645797	분산	0.883478
9	첨도	-0.51434	첨도	0.202577	첨도	-0.5593	첨도	0.5778
10	왜도	0.098244	왜도	-0.21285	왜도	0.31185	왜도	-0.35529
11	범위	3.4	범위	4.6	범위	3.4	범위	5
12	최소값	2.6	최소값	1.4	최소값	2.6	최소값	1
13	최대값	6	최대값	6	최대값	6	최대값	6
14	합	305	합	262	합	294	합	266
15	관측수	70	관측수	70	관측수	70	관측수	70
16	가장 큰 값	6	가장 큰 값	6	가장 큰 값	6	가장 큰 값	6
17	가장 작은	2.6	가장 작은	1.4	가장 작은	2.6	가장 작은	1
18	신뢰 수준(	0.204253	신뢰 수준(	0.225168	신뢰 수준(	0.191615	신뢰 수준(	0.22412

④ 첫째 행은 원본 데이터의 머리글 행이 표시되고, 평균, 표준 편차, 최대값, 최소값 등 다양한 통계 결과를 확인할 수 있다. 최빈값이 #N/A인 경우는 최빈값이 존재하지 않는 경우를 말한다. 단, 최빈값이 2개 이상일 경우에는 가장 위에 있는 값으로 출력된다.

3. 피벗 테이블로 데이터 분석표 작성하기

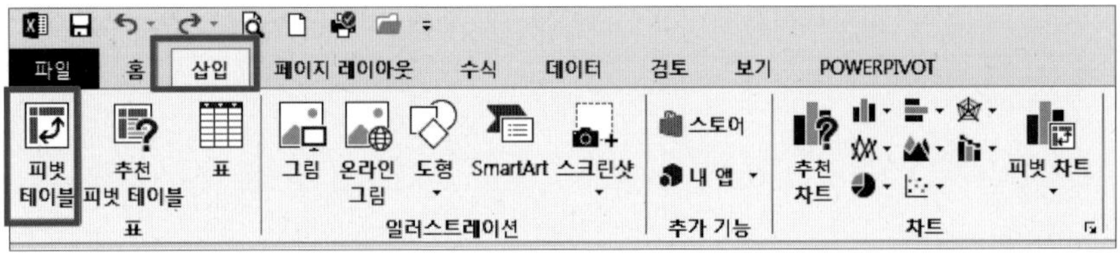

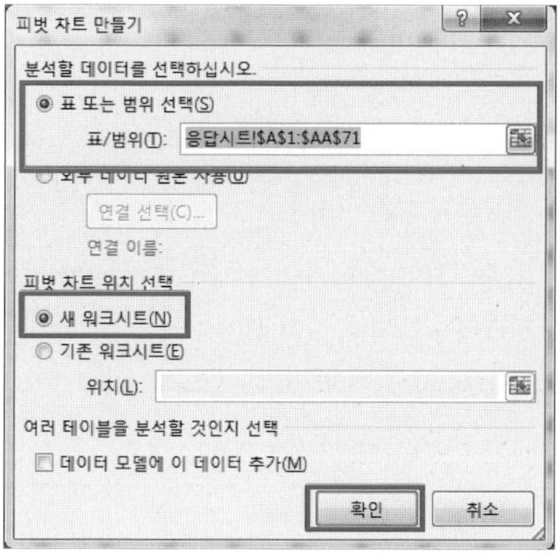

① 데이터 분석표를 작성하기 위해서는 먼저 [삽입] – [피벗 테이블] 메뉴를 클릭하고 분석할 데이터의 범위 선택과 피벗 테이블 결과가 제시될 위치를 선택하고 [확인] 버튼을 클릭한다.

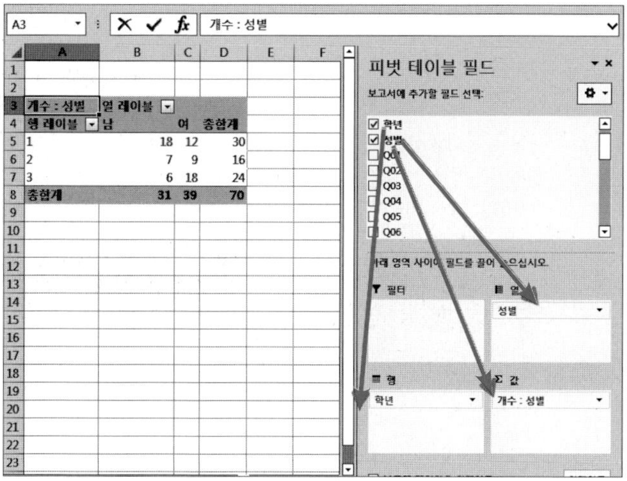

② 보고서에 추가할 필드 중 '학년'을 선택하여 '행 레이블' 영역으로, '성별'은 '열 레이블' 영역과 Σ 값에 각각 드래그해서 끌어 놓으면 앞의 그림과 같이 설문에 응답한 학년과 성별의 교차분석표를 확인할 수 있다.

4. 피벗 차트로 결과 그래프 작성하기

① 데이터 분석 결과를 피벗 차트로 표현하기 위해서는 먼저 [삽입] – [피벗 차트] 메뉴를 클릭하고 분석할 데이터의 범위와 피벗 차트가 표시될 위치를 선택하고 [확인] 버튼을 클릭한다.

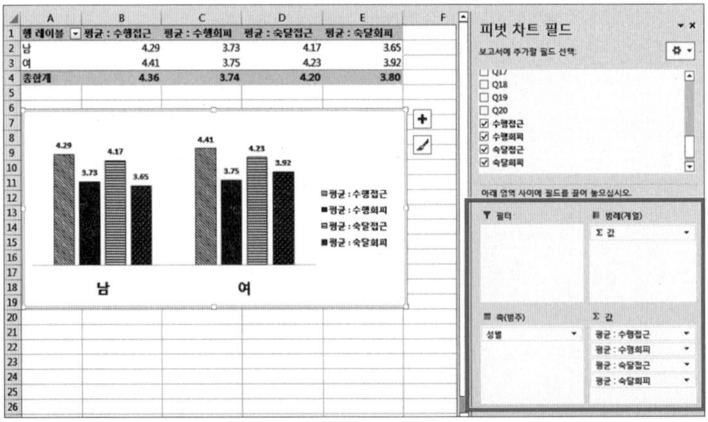

② 오른쪽 피벗 차트 필드 영역에서 범례(계열), 축(범주), Σ 값을 지정해주면 왼쪽 작업시트창에 피벗 테이블과 피벗 차트 결과가 함께 나타난다.

Tip 학습자분석을 위한 온라인 직업심리검사 활용하기

한국고용정보원 직업심리검사는 워크넷(www.work.go.kr)에서 청소년과 성인을 대상으로 총 22종류가 제공되며 각 검사의 설명을 참조하여 자신에게 필요한 검사를 받을 수 있다. 워크넷을 통한 온라인 검사는 검사 실시 후 즉시 결과를 확인할 수 있다. 검사 결과와 함께 학생상담이 이루어진다면 좀 더 객관적이고 체계적인 피드백이 가능하다. 온라인 검사는 검사 도중 중단되어도 당일에 한해 이어서 실시가 가능하다. 시각 장애인 학생들은 한국장애인고용공단에서 제공하는 온라인 직업심리검사를 이용하면 된다.

한국고용정보원(http://www.work.go.kr)

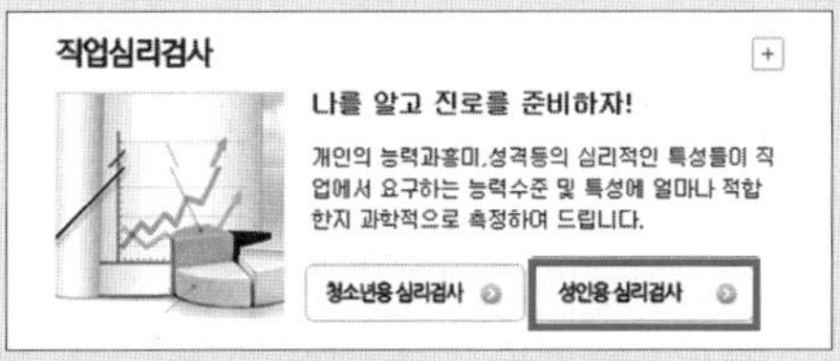

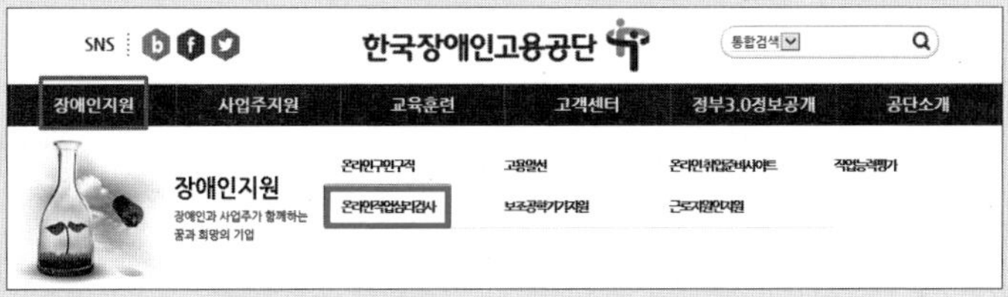

한국장애인고용공단(https://www.kead.or.kr)

제1절 동영상 콘텐츠 검색하기

1. 동영상 플랫폼에서 검색하기
2. 오픈 코스웨어 검색하기

제2절 동영상 콘텐츠 저장하기

1. 검색한 동영상 저장하기
2. 동영상 재생 중 녹화하기
3. 스마트폰에서 동영상 저장하기

제3절 동영상 콘텐츠 활용하기

1. 동영상 광고 없이 동영상 재생하기
2. URL 단축으로 동영상 콘텐츠 배포하기
3. 직접 제작한 동영상 공유하기

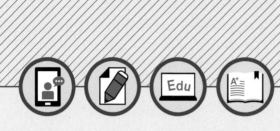

제 3 장

학습동기 유발을 위한 동영상 콘텐츠 활용

동영상 콘텐츠는 영상 세대로 불리는 요즘 학습자들에게 강의내용의 구체적인 사례나 생동감을 주는 간접 경험의 기회를 제공하여 수업에 대한 이해도를 높이고, 학습 흥미를 유발하여 적극적인 수업태도를 이끌어 낼 수 있다. 스마트폰, 스마트 TV, 태블릿 PC 등 다양한 스마트 기기가 확산되면서 영상 미디어를 활용한 교육은 더욱 활발해지고 있다.

동영상은 교수자의 이론 강의보다 구체성이 높은 매체로써 학생들의 이해도와 집중력을 높일 수 있고, 시각과 청각의 다중 채널을 통해 정보가 입력됨으로써 정보의 기억과 회상에 도움을 준다. 그러나 너무 지나치거나 잘못된 영상 자료의 활용은 학습에 오히려 방해가 되기도 하므로 영상 자료를 제작하거나 활용할 때에는 세심한 주의가 필요하다. 또한 영상 자료의 저작권에 대한 사항도 미리 고려되어야 한다.

이 장은 동영상을 효과적으로 검색하는 방법과 내 컴퓨터에 저장하는 방법, 학습자의 스마트 기기로 동영상 주소를 배포하기 위한 동영상 공유 방법을 소개한다.

제1절 동영상 콘텐츠 검색하기

1. 동영상 플랫폼에서 검색하기

(1) 유튜브로 동영상 검색하기

가장 먼저 쉽게 떠올릴 수 있는 동영상 검색 사이트로는 유튜브(YouTube)가 있다. 유튜브는 무료 동영상 공유 사이트로서 인터넷 연결만 가능하다면 언제, 어디서나 별도의 다운로드 없이 실시간으로 영상을 볼 수 있다는 장점을 가지고 있다. 또한 유튜브가 모바일 서비스를 제공하면서 전 세계적으로 더 많은 사용자가 자료를 업로드하고 공유하게 되었다. 유튜브에서 자료를 검색하는 방법을 살펴본다.

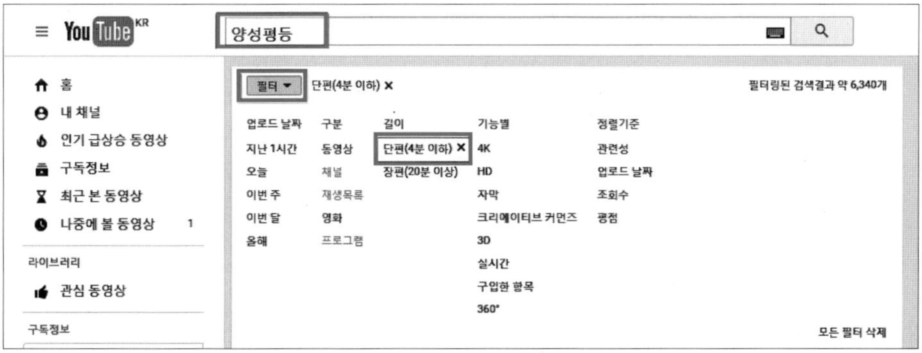

① 유튜브 사이트(http://www.Youtube.com) 검색란에 찾고자 하는 검색어를 입력하고 [Enter] 키를 누른다.

② [필터] 버튼을 클릭하고 '길이' 카테고리에서 '단편(4분 이하)'를 선택하면 비교적 짧은 재생시간을 가진 동영상을 검색할 수 있다. '정렬기준' 카테고리에서 [업로드 날짜]나 [조회수]를 선택하면 최신 업로드된 자료 또는 검색 횟수가 많은 순으로 자료를 확인할 수 있다.

③ 검색된 목록 중에서 감상하고 싶은 동영상을 클릭하여 재생해 본다.

④ 유튜브 동영상 재생창 하단의 톱니바퀴 모양을 클릭하면 동영상 품질을 선택할 수 있다. 동영상 품질 목록의 480p, 360p 등은 동영상의 해상도로 화면 품질을 의미하고, HD로 표시된 항목은 고화질을 지원한다는 뜻이다.

(2) 다음 TV팟으로 동영상 검색하기

TV팟(http://tvpot.daum.net)은 2006년에 시작된 다음(Daum) 동영상 서비스로서 사용자가 직접 동영상을 게재하거나 검색할 수 있도록 도와준다. TV팟에서 제공하는 모든 UCC(User Created Contents)는 스마트폰이나 PC를 통해 검색하거나 재생해서 볼 수 있으며 최신 인기 동영상뿐 아니라 온라인 라이브 방송에 이르기까지 다양한 검색이 가능하다. 'TV존'에서는 방송사별로 프로그램들이 소개되어 있어 다양한 교양 및 다큐 콘텐츠를 쉽게 찾을 수 있다. TV팟에서 검색하는 방법은 다음과 같다.

① 다음 TV팟 사이트(http://tvpot.daum.net)에서 상단에 있는 [TV존]을 클릭한다.

② [전체 프로그램 보기]를 선택한다.

③ 화면 하단에 있는 EBS 방송의 '지식채널e' 프로그램을 클릭한다.

④ [브랜드팟 가기] 버튼을 클릭하면 지식채널e의 동영상 콘텐츠를 모두 볼 수 있다.

⑤ [동영상] 메뉴를 클릭하면 2005년 자료부터 최신 자료까지 인기 동영상, 총 플레이수, 이용자 통계 정보와 함께 영상을 확인할 수 있다.

(3) 네이버 TV캐스트로 동영상 검색하기

네이버 TV캐스트는 2013년에 오픈한 네이버(Naver) 동영상 서비스로 네이버 뉴스 등 각종 서비스와 연계되며 예능, 뮤직, 스포츠, 교양 어린이 등 분야별 동영상을 제공하고 있다. 특히, 각 방송사의 수많은 영상 콘텐츠를 짧은 분량으로 주요 부분만 이용할 수 있다. 또한 다음 TV팟과 같이 카테고리별로 소개되어 있어 다양한 동영상 콘텐츠를 쉽게 찾아볼 수 있다.

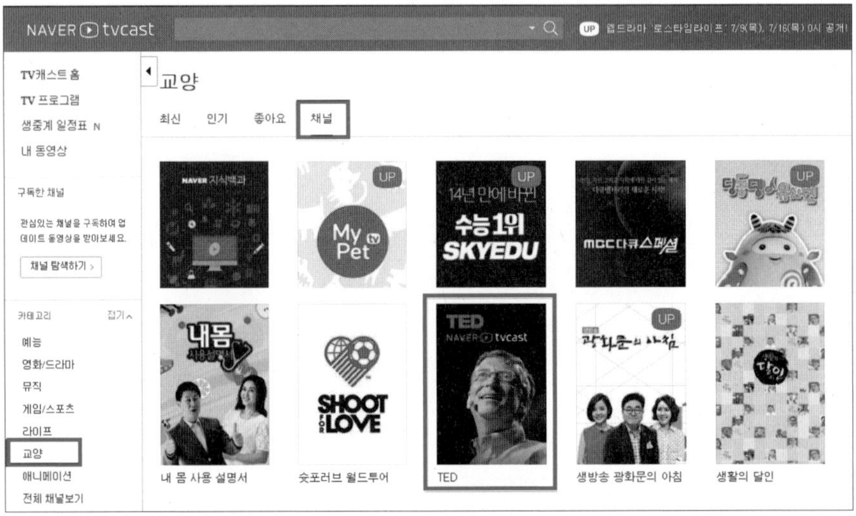

① 네이버 TV캐스트 사이트(http://navercast.naver.com)의 왼쪽 카테고리에서 [교양] 메뉴를 클릭한다.

② 교양 분야로 검색된 화면에서 상단의 [채널] 메뉴를 선택한다.

③ 채널은 하나의 주제에 관련된 영상 콘텐츠를 소개하는 공간으로, 궁금한 동영상 채널을 클릭한다.

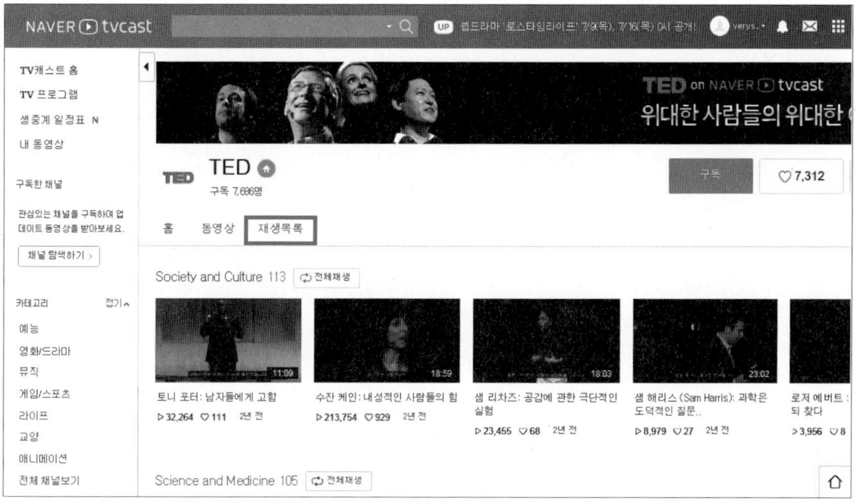

④ 선택한 채널에서 [재생목록]을 클릭하면 동영상 목록을 확인하고 자세한 동영상 콘텐츠를 살펴볼 수 있다.

2. 오픈 코스웨어 검색하기

요즘 대학가에는 이러닝을 기반으로 한 대학교육, 이른바 온라인 대학 교육의 열풍이 불고 있다. 온라인 대학 교육의 핵심 키워드는 이러닝, OCW, MOOC, 블랜디드 러닝, 플립러닝 등이다. OCW(Open CourseWare)는 그동안 폐쇄적으로 운영되어 온 대학 강의 자료를 온라인에 무료로 공개함으로써 대학의 지적 자원을 외부에 공유·확산시키고자 하는 공적 목적을 지닌다. MOOC(Massive Open Online Course)는 세계 유명 대학들을 중심으로 전개되고 있는 서비스로서, 전 세계 누구나 언제, 어디서든 양질의 대학 강의를 들을 수 있게 하는 새로운 형태의 고등교육 시스템이다. MOOC는 교육 콘텐츠의 제공뿐만 아니라 수강자 간 상호작용, 평가, 수료증 발급 등 더욱 개방적인 쌍방향 온라인 강의 공개 서비스라는 특성을 가진다. 이들 서비스를 통해 제공되는 교육자료의 검색 방법을 소개한다.

① KOCW(Korea Open CourseWare)는 한국교육학술정보원(Korea Education & Research Information Service, KERIS)에서 제공하는 고등교육 교수학습자료 공동활용 서비스로, KOCW 사이트(www.kocw.net)를 통해 국내 대학 및 기관에서 개발한 우수 고등교육 이러닝 콘텐츠와 해외 고등교육 기관들의 강의 자료를 무료로 이용할 수 있다.

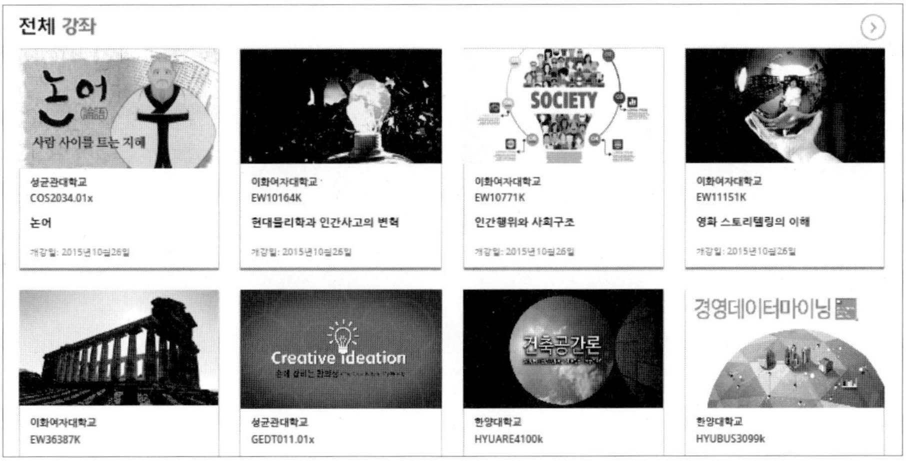

② 한국형 온라인 공개강좌(K-MOOC)는 홈페이지(www.kmooc.kr)에 접속해 가입신청을 한 후 원하는 강좌를 수강신청하면 된다. 강좌는 각 대학 또는 담당 교수가 직접 운영하며, 수강생은 강좌별로 퀴즈 · 과제 등에서 기준을 통과하는 경우 강좌 이수증을 발급받을 수 있다. 교육부는 시범운영을 거쳐 매년 강좌 수를 확대해 오는 2018년까지 500개 이상의 양질의 강좌를 확보할 계획이다. 해외 유명 MOOC 사이트로는 Coursera(https://www.coursera.org)나 Udacity(https://www.udacity.com) 등이 있다.

제2절 동영상 콘텐츠 저장하기

동영상 콘텐츠를 이용하다 보면 인터넷 연결이 원활하지 않아 재생이 안 되거나 끊김 현상(버퍼링)이 자주 발생한다. 또한 영상의 앞부분에 삽입된 사전 광고로 인해 내용전달에 방해가 되기도 한다. 이러한 문제를 해결하기 위해 영상을 PC 또는 스마트 기기에 다운로드하여 오프라인 상태에서 재생할 수 있는 방법을 살펴본다.

1. 검색한 동영상 저장하기

(1) 유튜브 동영상 저장하기

① 유튜브 사이트에서 다운로드하고 싶은 영상을 재생한 후, URL 주소창에서 'Youtube' 글자 바로 앞에 'ss'를 입력한 다음 [Enter] 키를 누른다.

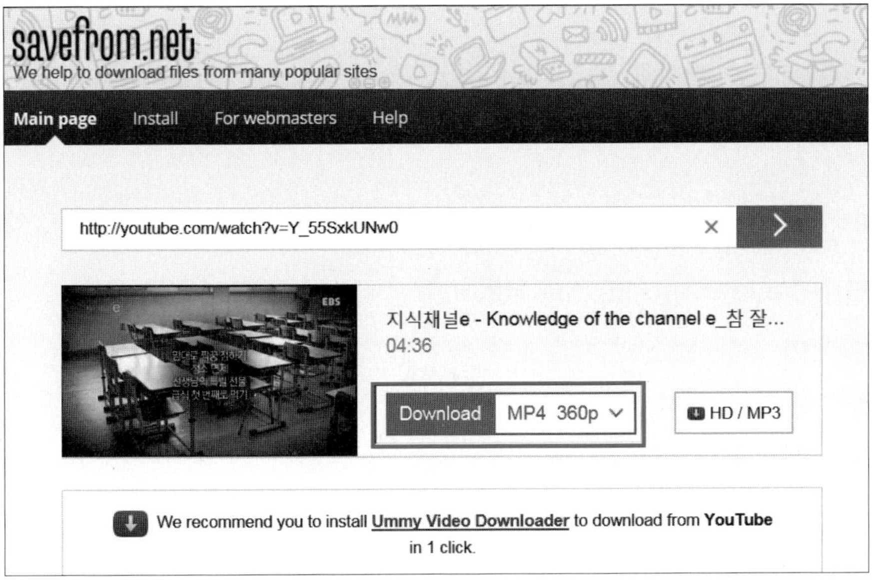

② Savefrom.net 웹페이지에서 다운받을 유튜브 동영상의 제목과 재생시간을 확인하고 동영상의 확장자(mp4), 화질(360p)을 선택한 후 [Downlad(다운로드)] 버튼을 클릭한다.

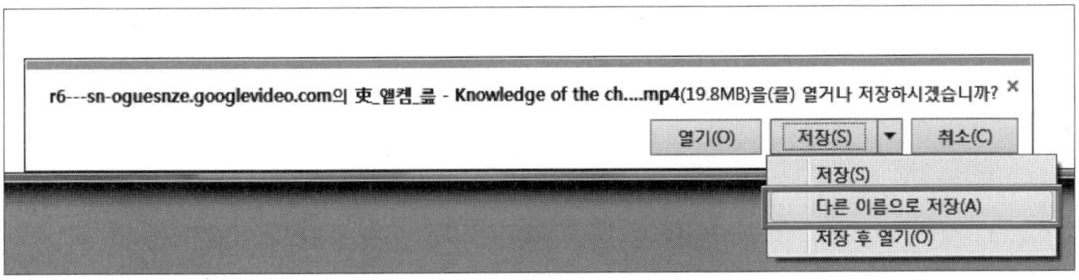

③ [다른 이름으로 저장] 버튼을 클릭하여 파일을 다른 이름으로 저장하고 동영상 파일이 재생되는지 확인한다. 만약에 동영상 파일이 재생되지 않는다면, 파일 형식을 동영상 파일 확장자인 '.mp4'로 변경하면 된다.

2. 동영상 재생 중 녹화하기

오캠(oCam)은 동영상 캡처 프로그램으로 모니터 상의 동영상과 소리를 녹화하고 녹음할 수 있다. 오캠은 개인이나 기업, 관공서에서 무료로 사용할 수 있는 프리웨어다. 특히, 사용자들이 주로 사용하는 곰플레이어, KMP 등 다양한 동영상 플레이어의 화면과 유튜브 등의 동영상 스트리밍 화면도 쉽게 저장할 수 있다. 유사 프로그램으로 '반디캠(Bandicam)' '안카메라(Ancamera)' '프랩스(Fraps)' 등이 있지만, 이들은 무료판 또는 평가판으로서 녹화 시간이 짧거나 동영상에 워터마크가 고정되는 등의 단점이 있다.

(1) 오캠 프로그램 설치하기

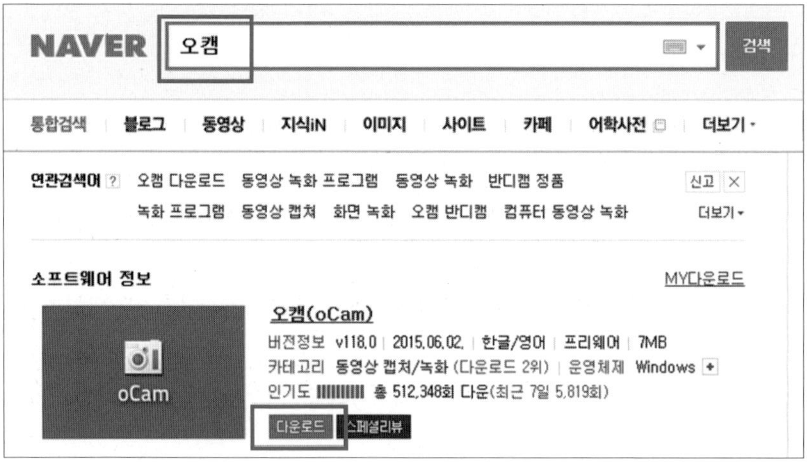

① 네이버 사이트에서 '오캠'을 검색한다.

② 네이버 자료실에 등록된 오캠의 [다운로드] 버튼을 클릭하여 설치한다.

③ 설치가 완료되면 바탕화면에 oCam 아이콘이 생성된다.

(2) 오캠을 사용하여 영상 녹화하기

① oCam 아이콘을 클릭하여 프로그램을 실행한다.

② 테두리를 녹화할 동영상의 영역에 맞추어 화면 크기를 조절한다.

③ 녹화 준비가 끝나면 [녹화] 버튼을 누르거나 [F2] 단축키를 누른다. 그리고 녹화할 동영상을 재생시킨다.

④ 녹화 영역이 빨간색 테두리로 변하면서 녹화가 시작된다.

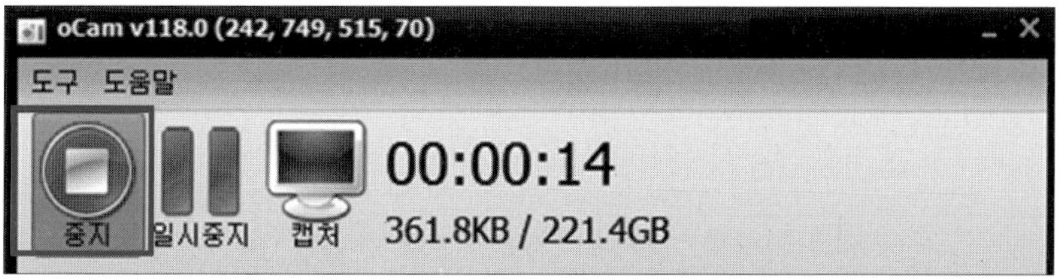

⑤ [중지] 버튼을 클릭하거나 [F2] 단축키를 누르면 녹화가 완료된다.

⑥ 녹화 저장된 동영상 파일을 확인하려면 오캠 작업창의 [열기] 메뉴를 클릭한다.

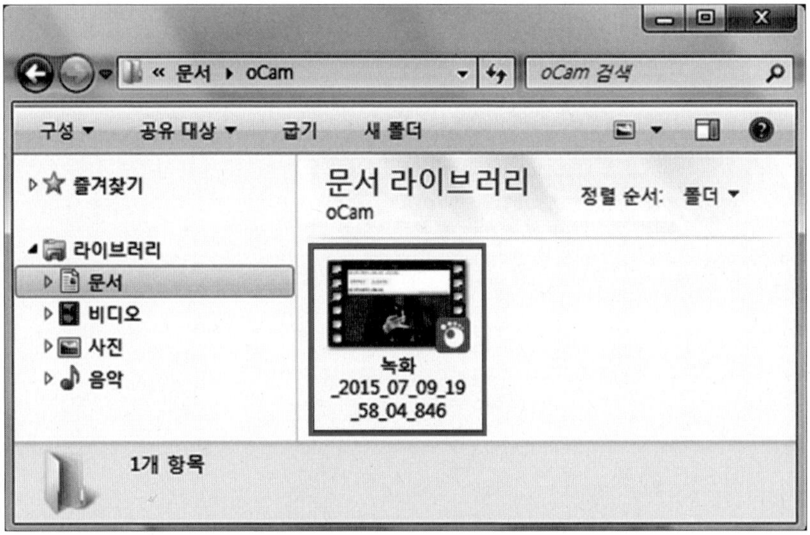

⑦ 오캠으로 녹화된 동영상 파일은 문서 라이브러리 폴더의 oCam 폴더에 저장되어 있다.

3. 스마트폰에서 동영상 저장하기

스마트폰에서 검색한 다양한 동영상을 저장하고자 한다면 다음 방법을 사용해 본다.

① 스마트폰에서 유튜브 동영상을 검색하여 재생시킨 후 [동영상 공유 (■)] 버튼을 터치한다.

② [동영상 공유] 화면에서 'URL 복사' 또는 '링크 복사'를 선택하여 동영상 주소를 복사한다.

③ 모바일 인터넷 브라우저에서 http://en.savefrom.net 사이트로 접속하여 복사된 동영상 주소를 붙여넣기한다.

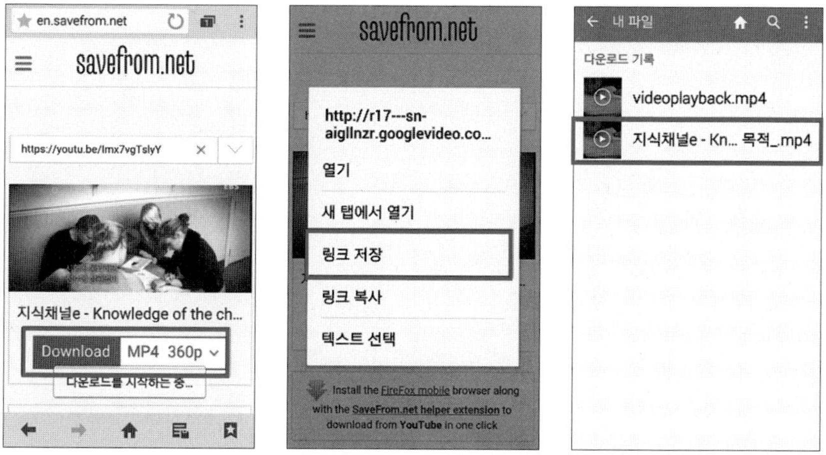

④ 동영상 파일 확장자와 해상도 크기를 확인한 후 [Download] 버튼을 터치한다.

⑤ [링크 저장] 버튼을 터치하면 스마트폰의 다운로드 폴더에 저장된다.

⑥ 다운로드한 동영상을 찾을 때에는 [내 파일]의 [동영상] 폴더 또는 [다운로드 기록] 메뉴에서 확인할 수 있다(동영상 파일의 저장 위치는 스마트 기기의 종류에 따라 다를 수 있다).

제3절 동영상 콘텐츠 활용하기

1. 동영상 광고 없이 동영상 재생하기

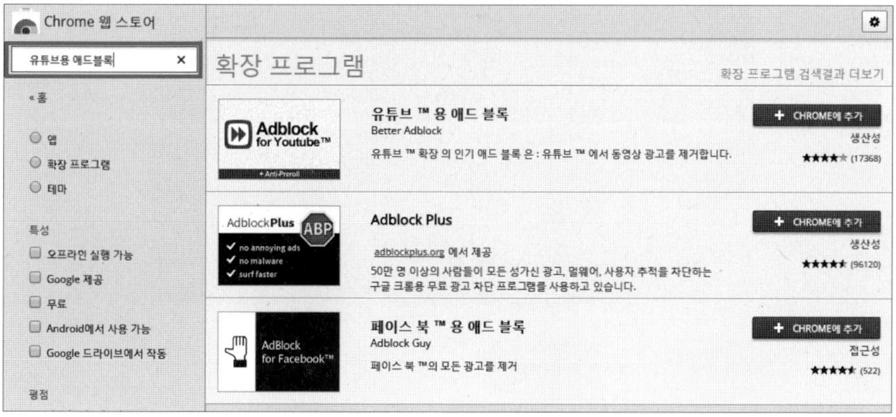

유튜브 동영상에서 광고를 제거할 수 있는 방법은 없을까? 유튜브에서는 '레드'라는 월 정액 유료 서비스를 통해 광고 없는 영상 재생이 가능하다. 이외에도 스마트폰에서의 오프라인 재생, 백그라운드 재생, 음악 스트리밍 서비스 등을 제공하고 있다. 또한 구글 크롬 브라우저 사용자의 경우 앞의 그림과 같이 무료로 이용할 수 있는 애드블록 플러스(Adblock Plus)를 설치하면 광고를 제거한 유튜브 동영상을 시청할 수 있다.

2. URL 단축으로 동영상 콘텐츠 배포하기

① 유튜브와 같은 동영상 검색 사이트에서 영상을 탐색한 후, 영상 재생화면에서 마우스 오른쪽 버튼을 클릭하면 팝업 메뉴가 나온다.

② 팝업 메뉴에서 [동영상 URL 복사(Copy video URL)] 메뉴를 클릭하거나 URL 주소창에서 [Ctrl+C] 단축키를 이용하여 동영상 주소를 복사해 둔다.

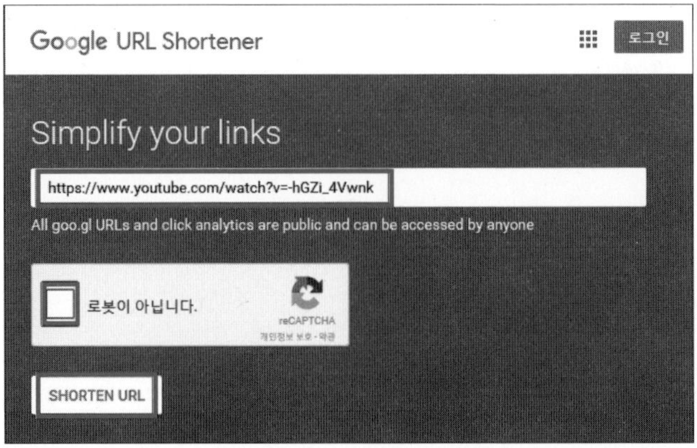

③ 동영상 주소의 길이를 줄이기 위해 구글 URL 단축 서비스 사이트(https://goo.gl)로 접속한다. URL 단축 서비스란 웹상의 뉴스, 블로그, 동영상 등의 위치를 표시하는 URL의 길이를 단축시켜 주는 서비스를 말한다.

④ 복사해 둔 동영상 주소를 [Ctrl+V] 단축키를 이용하여 붙여넣기하고 '로봇이 아닙니다.'라는 메시지 옆에 체크 및 확인을 거쳐 [SHORTEN URL] 버튼을 클릭한다.

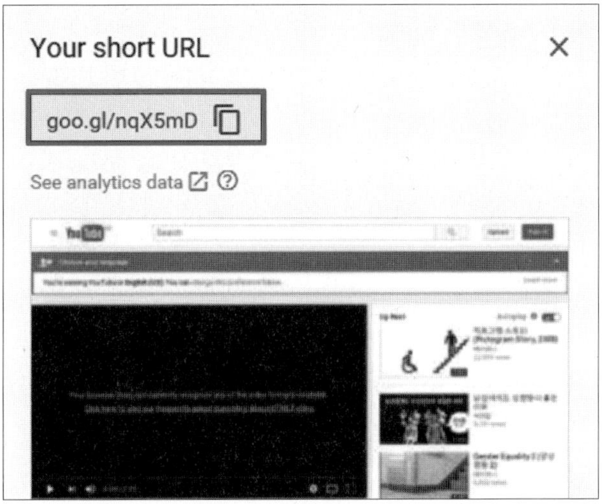

⑤ 짧아진 동영상 URL 주소를 복사하여 가정통신문, 수업보조자료 등 각종 다양한 문서에 삽입하여 활용할 수 있다. 동영상 콘텐츠 URL 뿐만 아니라 웹상의 자료를 링크시킬 때 유용하게 쓰일 수 있다. 이때, URL 단축 주소는 영어 대소문자를 구별하여 인식하므로 정확하게 입력해야 한다.

3. 직접 제작한 동영상 공유하기

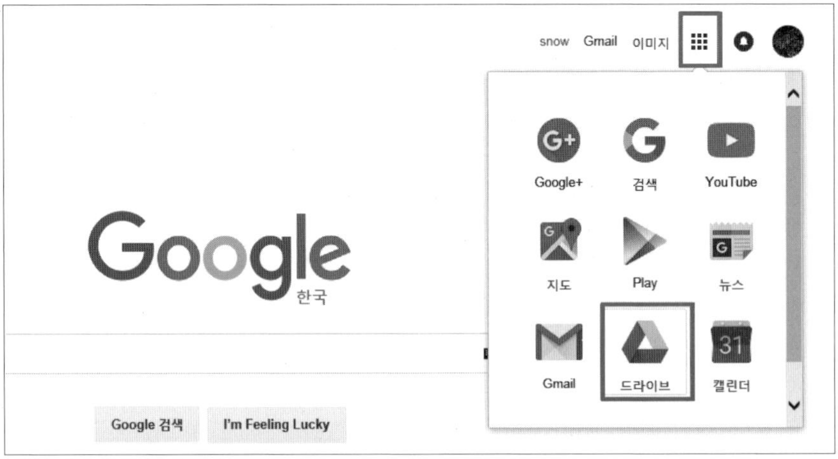

① 구글 사이트(https://www.google.co.kr)에서 본인의 계정으로 로그인한 후 [드라이브] 메뉴를 선택한다.

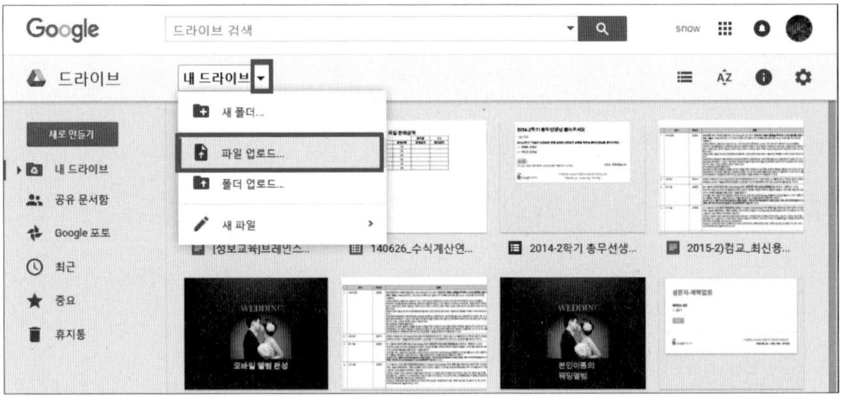

② 내 드라이브 메뉴에서 [파일 업로드]를 선택하고 업로드할 동영상 파일을 선택하여 업로드한다.

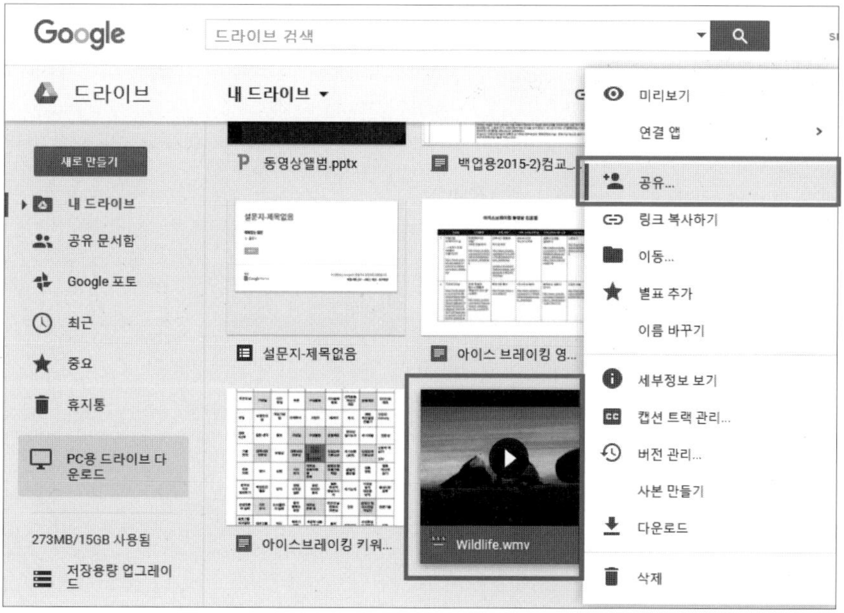

③ 업로드가 완료된 동영상 파일 위에서 마우스 오른쪽 버튼을 클릭하여 [공유] 버튼을 선택한다.

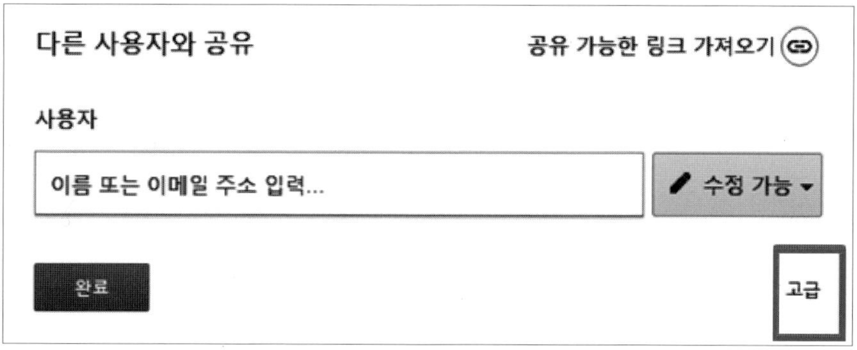

④ '다른 사용자와 공유' 창이 열리면, [고급] 버튼을 클릭한다.

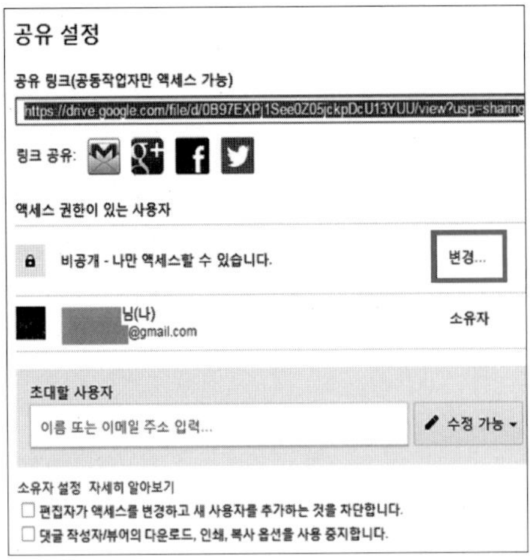

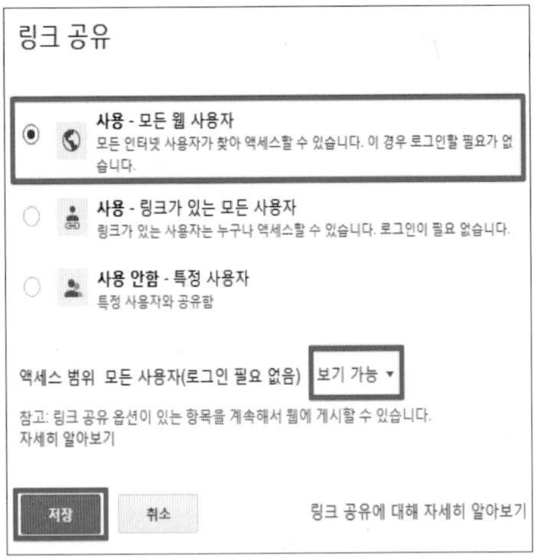

⑤ '공유 설정' 창에서 [변경] 버튼을 클릭하여, 별도의 로그인 없이 모든 인터넷 사용자가 접근할 수 있는 '사용–웹에 공개'또는 '사용–링크가 있는 모든 사용자'를 선택한다.

⑥ 액세스 범위는 '보기 가능'으로 변경하고 [저장] 버튼을 클릭한다.

⑦ 공유할 링크 주소를 [Ctrl+C] 단축키를 이용해서 복사하여 SMS로 전송하거나, 사이버 강의실의 게시글로 공지하여 수업에 이용할 수 있다. 공유할 링크 주소가 긴 경우 앞서 소개한 URL 단축 서비스(https://goo.gl)를 활용하면 된다.

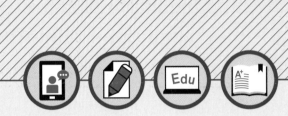

제 4 장

플립러닝을 위한 동영상 콘텐츠 편집 제작

플립러닝(Flipped Learning)은 '거꾸로 수업'이라고도 불리며, 기존의 전통적인 수업 방식과는 정반대로 수업에 앞서 학생들이 교수가 제공한 수업 영상을 미리 학습하고, 강의실에서는 토론이나 팀 학습, 과제 풀이 등의 학습자 참여 수업을 진행하는 방식을 말한다. 우리나라의 경우 카이스트(KAIST), 울산과학기술원(UNIST), 서울대학교가 이 방식을 도입해 시행하고 있다. 수업 동영상 제작을 위해 전문적인 개발팀의 지원이 제공하기도 하지만 대부분의 경우, 개별 교수가 직접 동영상을 제작해야 한다. 이 장에서는 복잡한 장비와 소프트웨어 없이 간단하게 동영상을 직접 제작하는 방법을 소개하고자 한다.

파워포인트의 '화면 녹화' 기능은 2013 버전부터 업데이트된 메뉴로 파워포인트 슬라이드를 넘기면서 MP4 동영상으로 녹화할 수 있는 기능은 물론, 발표자의 음성, 애니메이션 실행, 슬라이드에 기록하는 판서 내용까지 녹화가 가능하다. 이러한 기능을 이용하면 교실 수업장면에서 교사가 직접 발표 자료를 넘기면서 설명했던 것을 학습자들이 언제 어디서나 스마트 기기를 통해 예습, 복습할 수 있는 훌륭한 온라인 강의 자료가 된다.

파워포인트 2010 이하 버전에는 '슬라이드 쇼 녹화' 기능을 제공하고 있어, 초보자라도 손쉽게 자신의 발표 내용을 녹화하고 저장할 수 있다. 이 기능은 교사와 학습자들이 사전에 리허설을 하거나 혹은 발표에 대한 리뷰를 하기에 적합하다.

제1절 플립러닝용 동영상 제작하기

1. 파워포인트로 동영상 제작하기

① 녹화할 파워포인트 슬라이드를 열고, [삽입] 탭의 [화면 녹화]를 선택한다(파워포인트 2013 이상 버전).

② 바탕화면 상단에 화면을 녹화할 수 있는 기록 도구가 표시된다. [영역 선택]을 클릭하면 빨간색 테두리선이 보이게 되는데 크기를 조절하여 녹화할 영역을 지정한다. 이때, 녹화 영역을 슬라이드 쇼 모드로 전환한 후 영역을 지정한다. 파워포인트 프로그램의 메뉴들이 녹화 영역에서 표시되지 않게 하기 위함이다.

③ 마우스 커서의 움직임을 녹화하기 위해 [레코드 포인터]를 선택하고, 음성 녹음이 필요하다면 [오디오] 메뉴를 선택한다. 이때, 음성 녹음을 위해서는 마이크가 필요한데, 스마트폰용 이어폰을 이용하면 마이크 기능이 가능하다.

④ 옵션 선택이 완료되면 [기록] 단추를 클릭한다. 설정한 녹화 영역에 3부터 숫자가 줄어들면서 녹화가 시작된다.

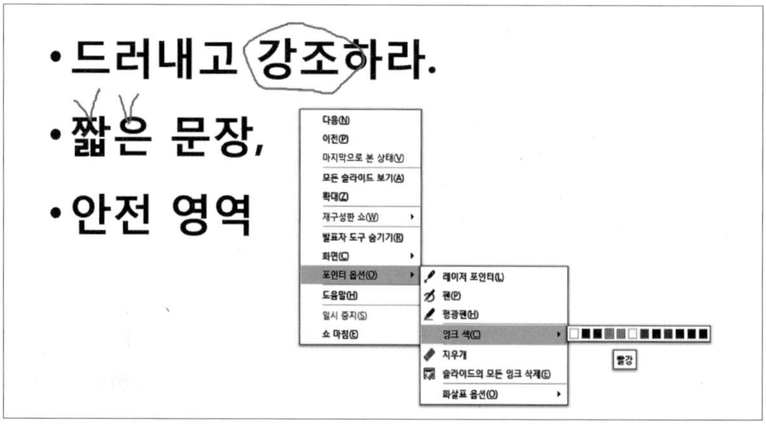

⑤ 슬라이드를 넘기면서 음성 설명과 함께 판서 기록을 녹화할 수 있는데, 슬라이

드 쇼 보기에서 [Ctrl+P] 단축키를 누르거나 슬라이드 화면에서 마우스 오른쪽 버튼을 눌러 [포인터 옵션] – [잉크색]을 선택하면 판서하면서 녹화가 가능하다.

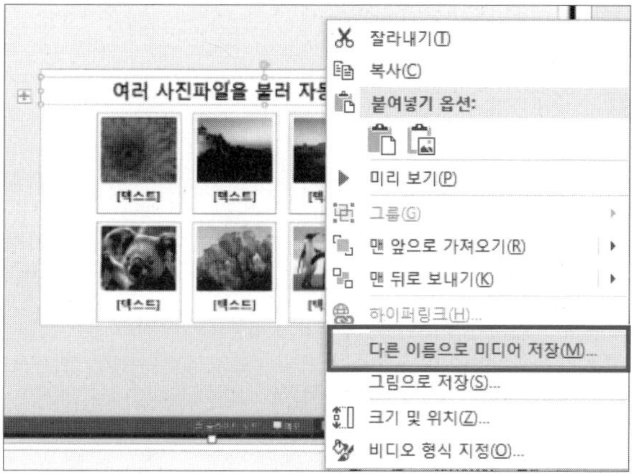

⑥ 기록을 중지하려면 [Windows 로고키 + Shift + Q] 단축키를 누르거나 모니터 상단 중앙 부분으로 마우스를 옮기면 다시 녹화 기록 도구가 표시된다. 이 때 [정지]를 클릭하면 녹화가 종료되고, 파워포인트 슬라이드에 녹화된 영상이 자동으로 삽입된다.

⑦ 삽입된 동영상을 선택하고 마우스 오른쪽 버튼을 클릭해서 [다른 이름으로 미디어 저장]을 누르면 mp4 동영상 파일로 저장할 수 있다.

Tip 파워포인트 2010 슬라이드 쇼 녹화하기

파워포인트 2010에서는 '슬라이드 쇼'를 진행하는 동안 재생할 오디오 설명, 레이저 포인터 동작, 슬라이드 및 애니메이션 시간을 녹화할 수 있다.

① 녹화할 파일을 연 다음 [슬라이드 쇼] 탭의 [슬라이드 쇼 녹화] – [처음부터 녹음 시작]을 클릭한다.

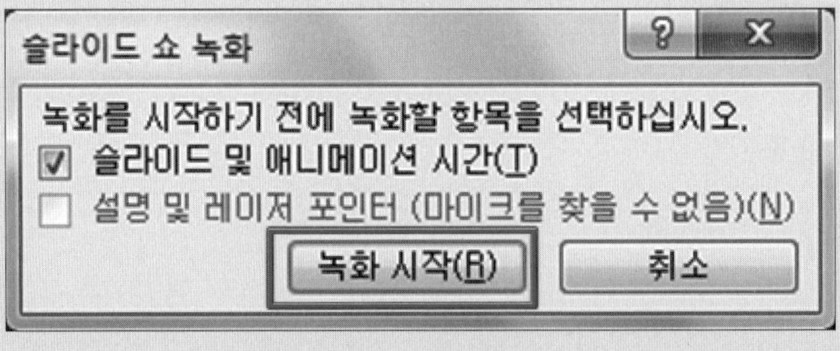

② 슬라이드 쇼 녹화 대화 상자가 나타나면 녹화할 항목을 선택한 후 [녹화 시작] 버튼을 클릭한다.

③ 슬라이드 쇼가 시작되면 녹화가 시작되고 화면 좌측 상단에는 녹화 대화 상자가 나타나 녹화 시간을 표시해 준다.

④ [Ctrl+P] 단축키를 누르거나 슬라이드 화면에서 마우스 오른쪽 버튼을 눌러 [포인터 옵션] - [잉크색]을 선택하면 판서하면서 녹화가 가능하다.

⑤ 슬라이드 발표를 마치거나 [ESC] 키를 누르면 녹화가 종료되고 각 슬라이드에 녹음된 설명 오디오 파일과 애니메이션 시간이 표시된다.

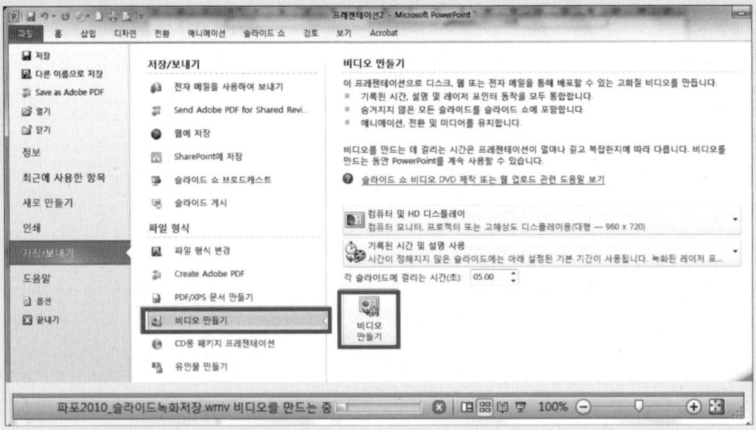

⑥ [파일] 탭의 [내보내기] – [비디오 만들기] 메뉴를 클릭하여 동영상 파일로 저장하면 상태표시줄에 ＊.wmv 비디오 파일로 저장되는 것을 확인할 수 있다.

2. 녹화된 동영상 파일 압축 및 변환하기

다음 팟인코더(Daum Pot Encoder)는 일반 사용자를 위해 개발된 동영상 파일 변환 프로그램으로, 무료로 제공되는 프리웨어다. 간단한 편집과 파일 압축도 가능하고 파일 변환을 통해 PC, 스마트폰, 게임기 등 다양한 스마트 기기에서 영상을 재생할 수 있다.

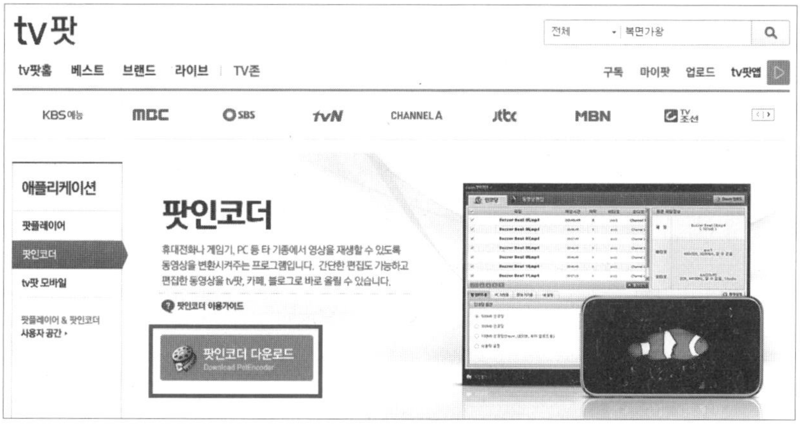

① 네이버 또는 다음 사이트에서 '다음 팟인코더'를 검색한다. 해당 사이트로 접속하여 [팟인코더 다운로드] 버튼을 클릭하여 프로그램을 설치한다.

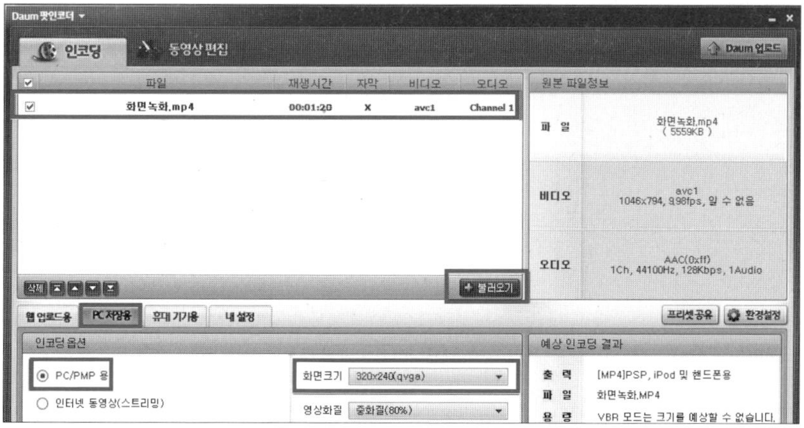

② 다음 팟인코더 프로그램을 실행하고, [불러오기] 버튼을 눌러 녹화한 프레젠테이션 영상을 삽입한다.

③ [PC 저장용]의 인코딩 옵션중 'PC/PMP용'을 선택하고, 화면 크기는 학습자들이 볼 스마트 기기에 적합하도록 사이즈를 설정한 후 mp4 또는 wmv의 파일 형식을 선택한다.

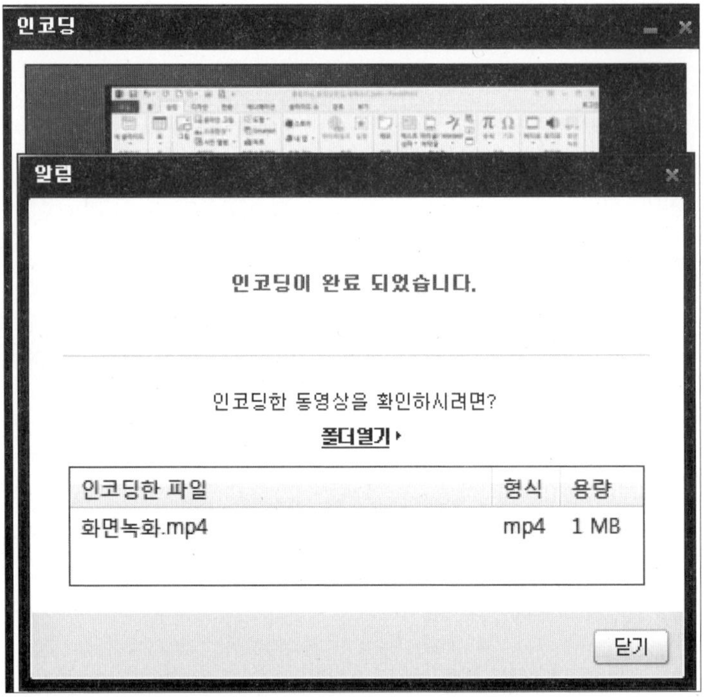

④ 인코딩 옵션 설정을 마친후 [폴더 변경]을 눌러 저장할 폴더 위치를 지정하고 [인코딩 시작]을 누르면 파일 압축 및 변환이 시작된다. 이때 저장 폴더 위치가 원본 동영상 파일과 인코딩 결과물 파일의 경로와 이름이 같으면 인코딩이 진행되지 않는다.

제2절 플립러닝용 동영상 편집하기

1. 곰믹스 설치와 동영상 준비하기

곰믹스(Gom Mix)는 동영상을 누구나 쉽고 재미있게 편집할 수 있는 무료 프로그램이다. 무료 영상편집 프로그램에는 대표적으로 윈도우 무비메이커, 뱀믹스, 다음 팟인코더 등이 있는데 이 중에서 곰믹스의 장점은 영상의 자르기와 합치기뿐만 아니라 원하는 위치에 자막을 삽입할 수 있고, 오디오 편집(소리를 자연스럽게 줄이거나 반대로 점점 크게 들리게 하는 효과) 기능이 있다는 점이다. 그 외에도 영상전환 효과, 이모티콘 이미지 삽입, 자막스타일 기능이 있어 색다른 동영상 편집에 유용하다.

① 녹화한 동영상 또는 다운로드한 동영상의 편집을 위해 네이버 또는 다음 사이트에서 '곰믹스'를 검색한다. 해당 사이트(gommix.gomtv.com)로 접속하여 [다운로드] 버튼을 클릭하여 프로그램을 설치한다.

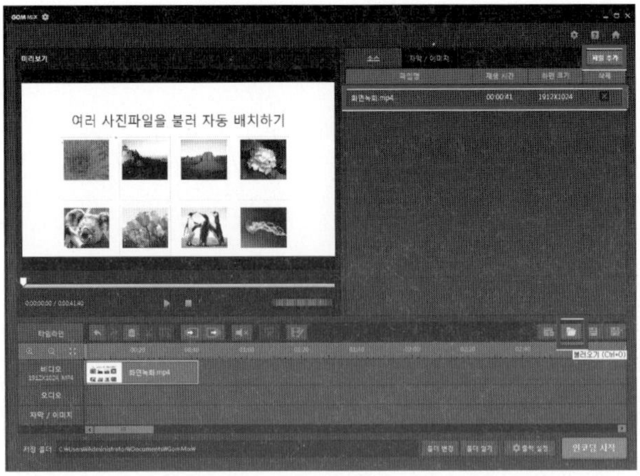

② 곰믹스 프로그램을 실행한 후 '소스' 작업창에서 [불러오기] 또는 [파일추가] 버튼을 클릭하여 녹화한 동영상 파일을 열고 편집 준비를 한다. '미리보기' 작업창에서 [재생] 버튼을 클릭하면 '소스' 작업창에 불러온 영상 내용을 확인할 수 있다.

2. 영상 자르기와 영상 오려두기

(1) 불필요한 영상 자르기

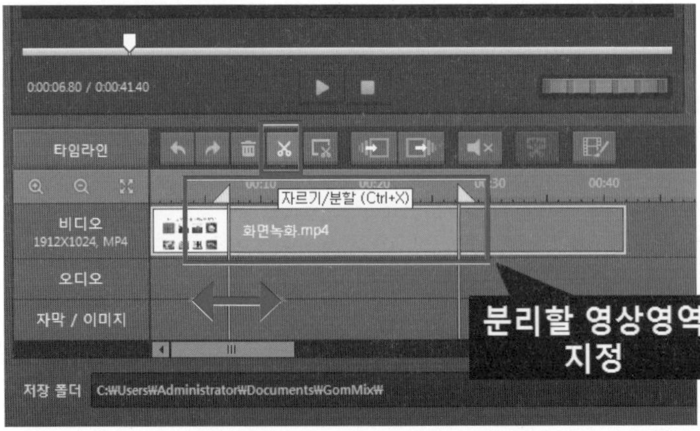

① 분리할 영상의 영역을 지정하기 위해 마우스 왼쪽 버튼을 클릭해서 드래그한다. 이때 선택한 영역만큼 라인이 그어지게 된다.

② 라인을 조절해서 분리할 영역이 지정되었으면 바로 위에 있는 자르기/분할 아이콘( )을 클릭한다. 이 아이콘을 누르면 지정된 라인 위치에서 영상이 3개로 분할된다.

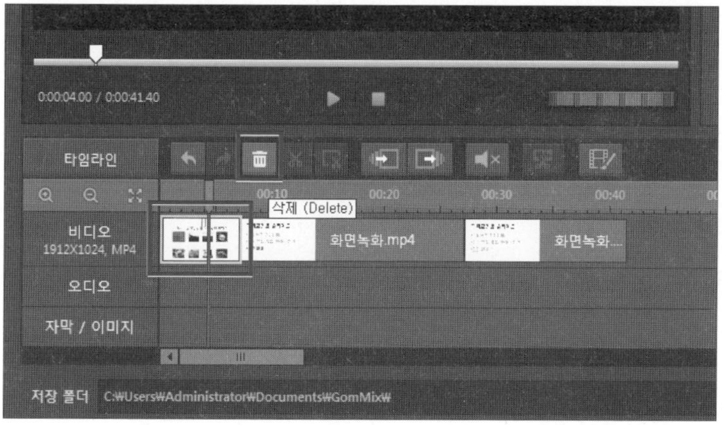

③ 3개로 분리된 영상을 확인하고 불필요한 영상을 선택하여 휴지통 아이콘( )을 클릭하면 삭제된다.

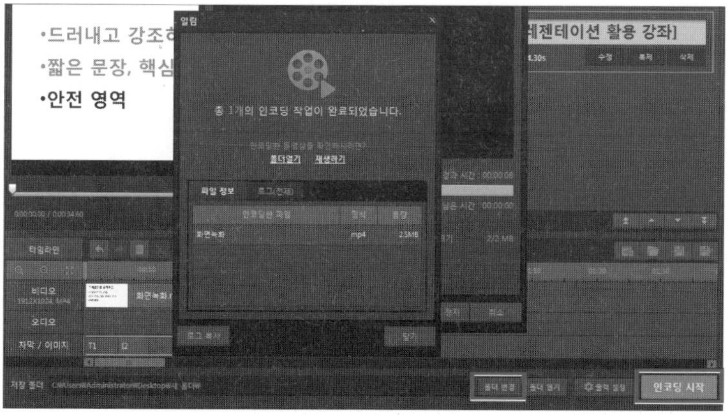

④ 영상 편집이 완료되면 아래쪽 메뉴의 [폴더 변경] 버튼을 눌러 완성된 동영상이

저장될 위치를 지정하고 [인코딩 시작]을 눌러서 동영상 편집을 완성한다.

(2) 필요한 영상 오려두기

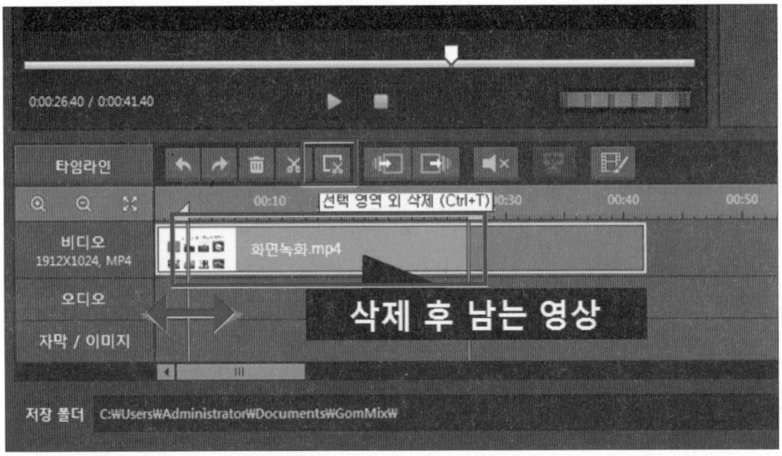

① 필요한 동영상의 시작과 끝을 지정하기 위해 마우스 왼쪽 버튼을 클릭해서 드래그한다. 이때 선택한 영역만큼 라인이 그어지게 된다.

② 라인을 조절해서 잘라 낼 영역이 지정되었으면 바로 위에 있는 선택 영역 외 삭제 아이콘( )을 클릭한다. 이 아이콘을 누르면 선택한 안쪽 영역 외에 나머지 동영상은 삭제된다.

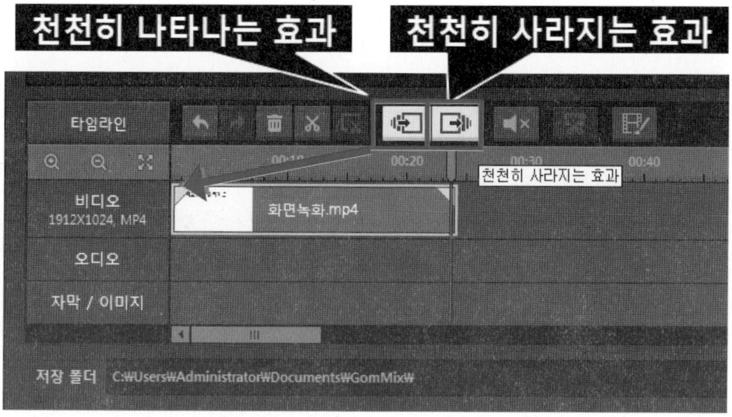

③ 동영상 오려두기 편집이 완료되면 영상의 화면전환을 자연스럽게 하기 위해서 영상의 앞부분에 천천히 나타나는 효과( )와 영상의 끝부분에 천천히 사라지는 효과( ) 아이콘을 눌러 편집상태를 확인한다.

3. 동영상 제목과 이미지 자막 추가하기

(1) 동영상 제목 추가하기

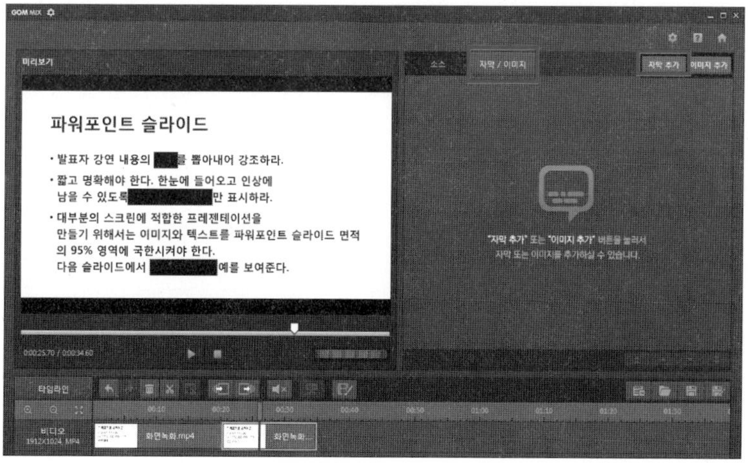

① [자막/이미지] 탭에서 [자막 추가] 버튼을 클릭하여 영상의 자막 내용을 입력한다. 영상의 일부분에 포함될 자막을 추가할 수도 있고, 화면 예시처럼 동영상 제목(강좌명) 또는 영상내용에 대한 출처를 자막으로 삽입할 수 있다.

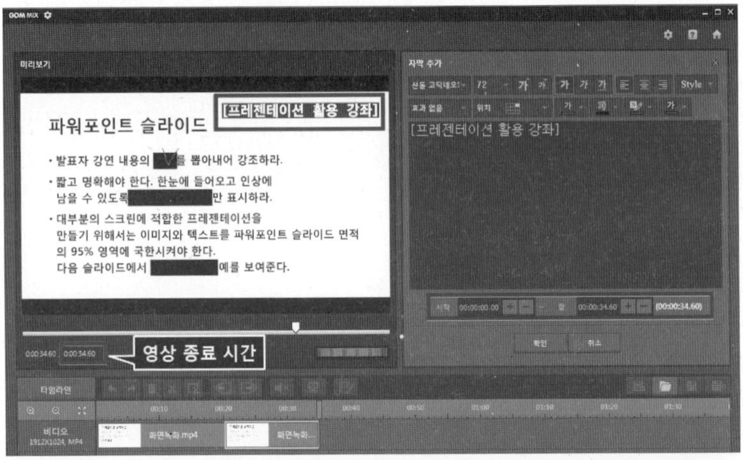

② 추가한 자막의 위치, 글꼴 스타일 등을 지정하고 자막의 재생되는 시간을 설정한다. 동영상 제목 강좌명이 영상이 처음 재생될 때부터 마지막까지 보이도록 설정하고 싶다면 '시작'은 00:00:00:00으로 설정하고 '끝'은 왼쪽화면의 [미리보기] 창에서 영상 종료 시간을 확인한 후 그 시간(예: 앞의 그림의 00:00: 34:60)을 입력하면 된다.

(2) 이미지 자막 추가하기

① 자막 추가와 동일한 방법으로 [자막/이미지] 작업창에서 [이미지 추가] 버튼을 누른 후 [이미지 선택] 버튼으로 삽입할 이미지를 클릭한다. 이미지가 나타날 위치와 크기, 이미지가 보여질 시작 장면과 끝 장면의 시간을 입력한 후 [확인] 버튼을 클릭한다.

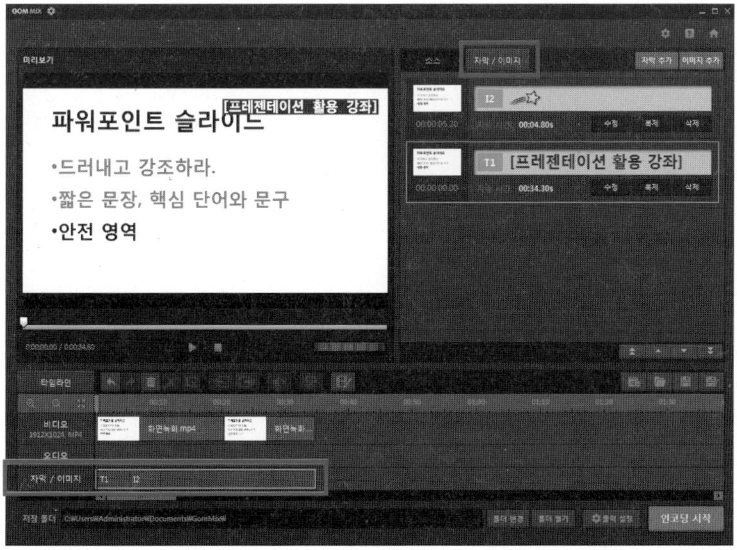

② 이미지와 자막이 추가되면 [자막/이미지] 작업창에서 확인할 수 있고, [수정] [복제] [삭제] 버튼을 이용하여 편집할 수 있다. 또한 아래쪽에 있는 [타임라인] 창의

자막/이미지 트랙에서 추가된 자막/이미지의 시작 위치 이동 및 재생시간 조절이 가능하다.

4. 나레이션 오디오 파일 제작하기

녹음기 프로그램인 곰녹음기와 보이스웨어 사이트(oddcast 사이트)에서 제공하는 TTS(Text To Speach)방식을 활용해서 마이크를 이용한 발표자의 음성녹음 대신에 나레이션 음성 파일을 제작하여 활용할 수 있다.

① 네이버 또는 다음 사이트에서 인터넷 강의, 영화에서부터 마이크 음성까지 녹음할 수 있는 프로그램인 '곰녹음기'를 검색한다. 해당 사이트로 접속하여 [다운로드] 버튼을 클릭하여 프로그램을 설치한다.

② 온라인 보이스웨어 사이트(http://oddcast.com/home/demos/tts/tts_example.php)로 접속하여 나레이션 내용을 입력하고, 언어는 Korean으로 설정한다.

③ 곰녹음기 프로그램을 실행한 후 [녹음 시작] 버튼을 누르고 보이스웨어 사이트 화면의 [Say It] 버튼을 클릭하면 음성이 녹음된다.

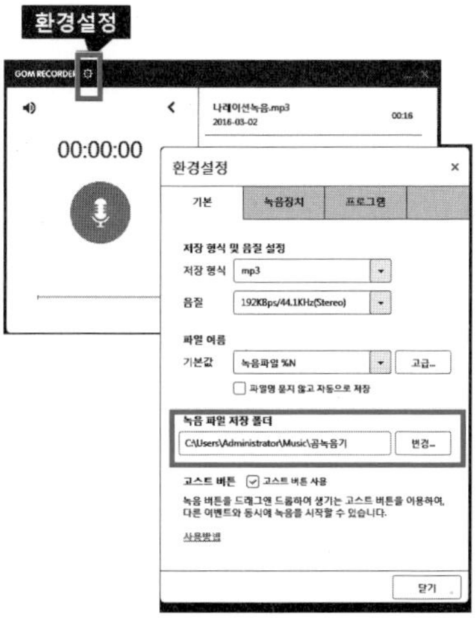

④ 녹음이 와료되면 [녹음 중지] 버튼을 눌러 녹음된 나레이션을 오디오 파일로 저장한다.

⑤ 녹음된 파일은 곰녹음기의 톱니바퀴 모양의 아이콘이나 [환경설정] 버튼을 누르면 '녹음 파일 저장 폴더'를 찾아 확인할 수 있고, 저장위치도 변경 가능하다.

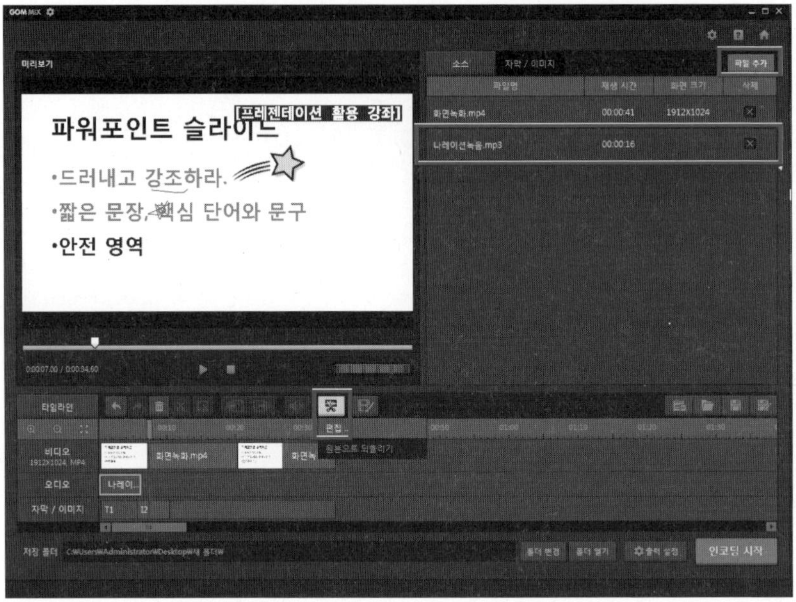

⑥ 곰믹스 프로그램에서 [소스] 작업창의 [파일 추가] 버튼을 클릭하여 녹음된 오디오 파일(예: 앞의 그림의 나레이션 녹음.mp3 파일)을 연다.

⑦ 삽입된 오디오 재생 길이를 조정하거나 불필요한 오디오 일부분을 삭제하기 위해서는 편집(남기고 자르기 or 자르기) 아이콘을 클릭한다.

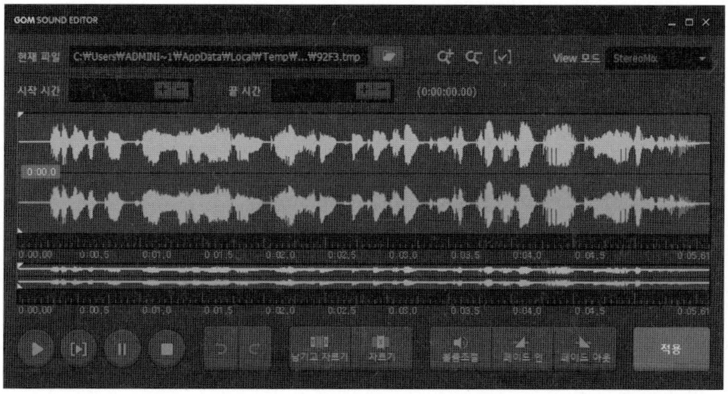

⑧ 오디오 에디터 창에서 [볼륨조절] 또는 페이드 인(점점 소리가 커지는 효과)과 페이드 아웃(점점 소리가 작아지는 효과)을 적용하여 오디오 편집을 완성할 수 있다.

제1절 다양한 소스를 이용한 프레젠테이션 자료 제작

1. 여러 이미지 파일을 한꺼번에 PPT 슬라이드로 만들기
2. 텍스트 파일을 PPT 슬라이드로 만들기
3. PDF 파일을 PPT 파일로 변환하기

제2절 알아두면 유용한 프레젠테이션 자료 제작 기법

1. 슬라이드 전체 글꼴 한꺼번에 바꾸기
2. 텍스트 슬라이드 서식 편집하기
3. 여러 사진 파일을 불러 자동 배치하기
4. 이미지 보정과 이미지 자르기
5. 동영상 첫표지 만들기
6. 핵심만 강조하는 애니메이션 적용하기
7. 글꼴 포함하여 문서 저장하기

제3절 효과적인 수업을 위한 프레젠테이션 실행 도구

1. 한글 파일 프레젠테이션 진행하기
2. PDF 파일 프레젠테이션 진행하기
3. 유용한 프레젠테이션 실행 팁
4. 줌잇 프로그램과 함께 활용하기

제 5 장

유용한 프레젠테이션 자료 제작과 활용 기법

교수자는 흥미로운 수업 진행과 학습내용에 대한 학생들의 이해도를 높이기 위해 적절한 매체와 자료의 활용을 고민하게 된다. 강의와 발표 수업에 있어서 빠질 수 없는 중요한 매체는 바로 프레젠테이션 자료다. 현재 가장 널리 활용되고 있는 프레젠테이션 도구는 파워포인트다. 많은 교수자와 학생이 파워포인트를 활용하여 손쉽게 자료를 제작할 수 있지만, 이 장에서는 파워포인트를 좀 더 효과적으로 활용할 수 있는 노하우를 소개하고자 한다. 파워포인트 자료를 제작하는 기초적인 방법은 다루지 않는다.

이 장에서는 먼저, 이미 가지고 있는 텍스트, 이미지, PDF 파일을 파워포인트 슬라이드로 쉽게 변환하는 방법을 소개한다. 그리고 학습자료의 많은 부분을 차지하는 텍스트 서식 편집, 이미지 보정, 동영상 삽입과 같은 멀티미디어 활용과 학생들의 질문과 수업에 대한 반응을 높일 수 있는 애니메이션 적용을 살펴본다. 마지막으로, 실제 수업에서 파워포인트의 실행을 돕는 몇 가지 도구를 소개하고자 한다.

제1절 다양한 소스를 이용한 프레젠테이션 자료 제작

1. 여러 이미지 파일을 한꺼번에 PPT 슬라이드로 만들기

여러 사진이나 이미지 파일을 이용하여 슬라이드 쇼를 만들고자 할 때, 많은 사진을 일일이 슬라이드에 배치하려면 시간이 많이 걸리고 번거롭다. 이 때 '사진 앨범' 기능을 이용하면 간단하고 편리하게 슬라이드를 제작할 수 있다.

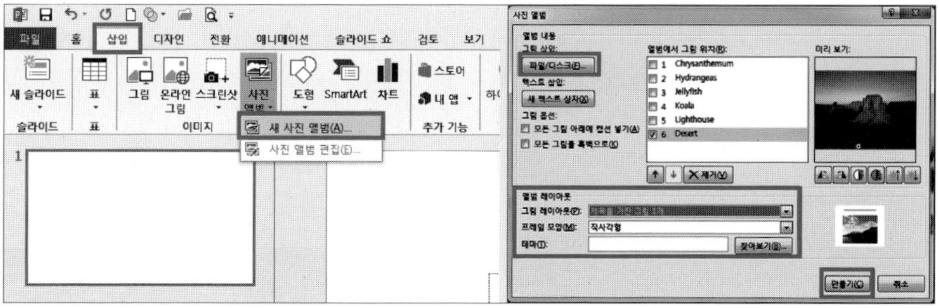

① [삽입] – [사진 앨범] – [새 사진 앨범] 버튼을 클릭한다.

② '사진 앨범' 창에서 [파일/디스크] 버튼을 클릭하고 앨범으로 구성할 이미지를 모두 선택한다.

③ 앨범 레이아웃 메뉴에서 그림 레이아웃과 프레임 모양, 테마를 설정하고 [만들기] 버튼을 클릭한다.

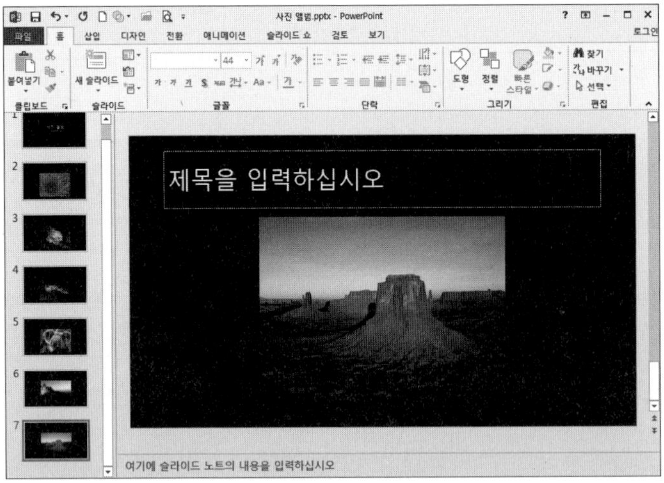

④ 제목 슬라이드를 제외하고 각 슬라이드마다 사진이 하나씩 삽입되어 있음을 확인할 수 있다.

2. 텍스트 파일을 PPT 슬라이드로 만들기

PC에서 프레젠테이션 파일을 제작할 여건이 아니라면 텍스트 파일을 미리 만들어 두었다가 나중에 간단히 PPT 슬라이드로 변환할 수 있다. 예를 들면, 떠오르는 아이디어를 스마트 기기에서 텍스트 파일(*.txt) 파일 형식으로 저장해 두었다가 나중에 슬라이드로 만들 수 있다.

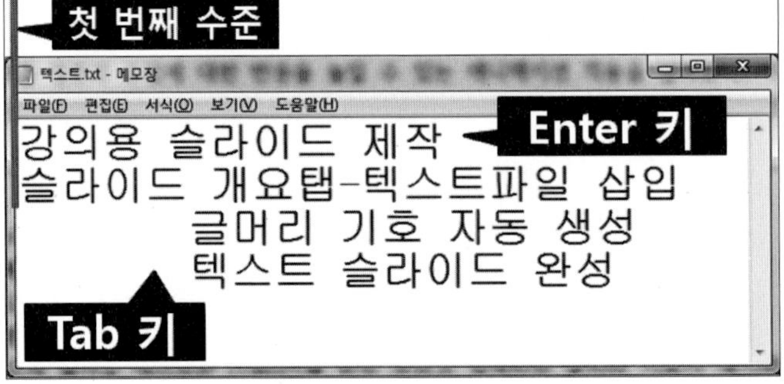

슬라이드 구분은 앞의 그림처럼 [Enter] 키를 누르면 슬라이드로 구분되고, 해당 슬라이드의 첫 번째 줄이 제목으로 입력된다. 슬라이드의 내용은 [Tab] 키를 한번 누르고 입력한 글자로 채워진다.

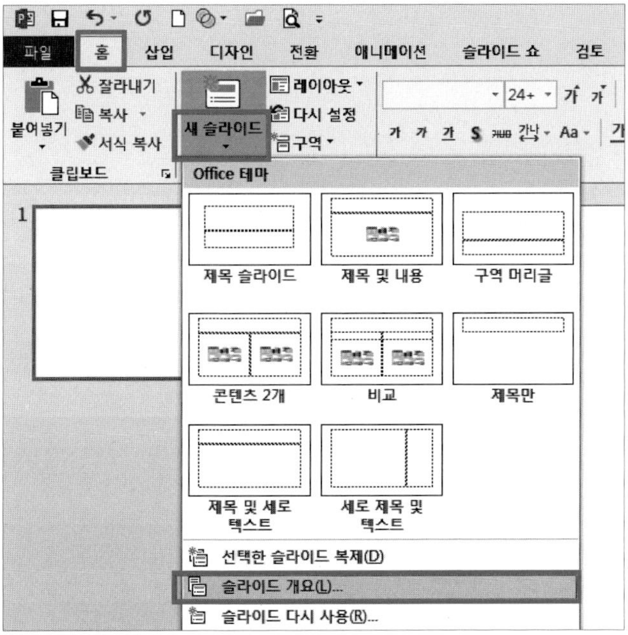

① [홈] 탭의 [새 슬라이드]를 클릭한 후 [슬라이드 개요]를 선택한다.

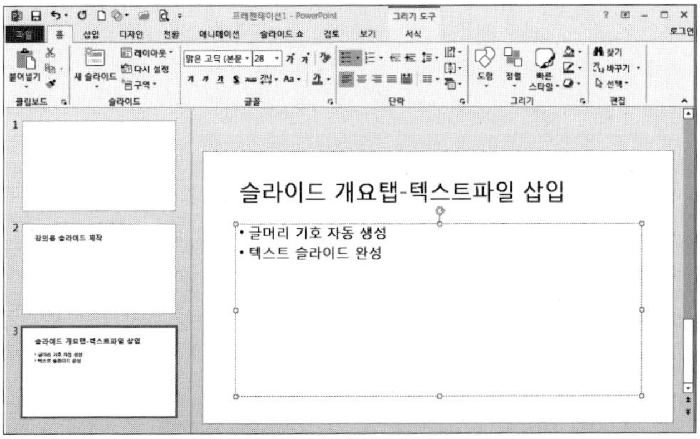

② '개요 삽입' 창에서 텍스트 파일(*.txt)을 삽입하면 다음과 같이 첫번째 슬라이드는 제외한 슬라이드에 텍스트 내용이 채워진다.

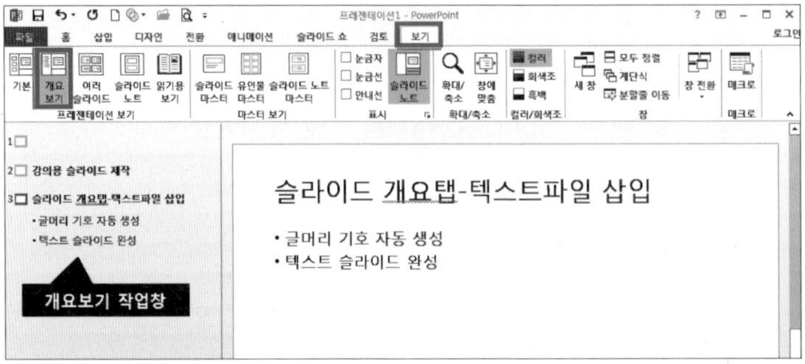

③ [보기] - [개요보기] 메뉴를 선택하면 왼쪽에 '개요보기' 작업창이 활성화되고 슬라이드 내에 삽입된 텍스트만 보이므로 쉽게 내용 편집이 가능하다.

3. PDF 파일을 PPT 파일로 변환하기

PDF 파일의 특징은 운영체제나 애플리케이션에 관계없이 문서 형태를 그대로 유지할 수 있으며, 파일 읽기만 가능하고 저장이나 출력이 불가능한 옵션이 있어서 보안 기능면에서 뛰어나다는 점이다. 그러나 PDF 파일의 단점은 편집의 불편함이다. 이미 생성된 PDF 문서는 변조를 방지하기 위해 내용의 추가나 변경, 삭제를 기본적으로 하지 못하게 되어 있다.

그러나 다음의 방법을 활용한다면 PDF 파일을 PPT 슬라이드로 간단히 변환할 수 있다.

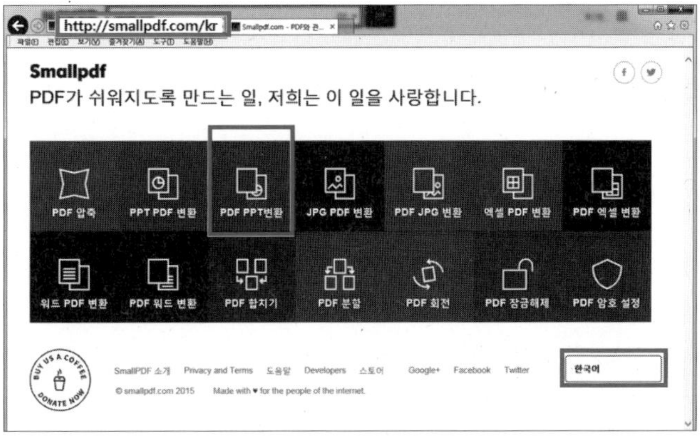

① Smallpdf 사이트(http://smallpdf.com/kr)로 접속하여 [PDF PPT 변환] 메뉴를 클릭한다.

PDF 파일을 드래그 앤 드롭하여 파일을 선택하거나 [파일 선택] 메뉴를 클릭하여 PDF 파일을 업로드하면 온라인상에서 PPT 파일로 자동으로 변환되며, 변환 작업이 완료된 후에 다운로드가 가능해진다.

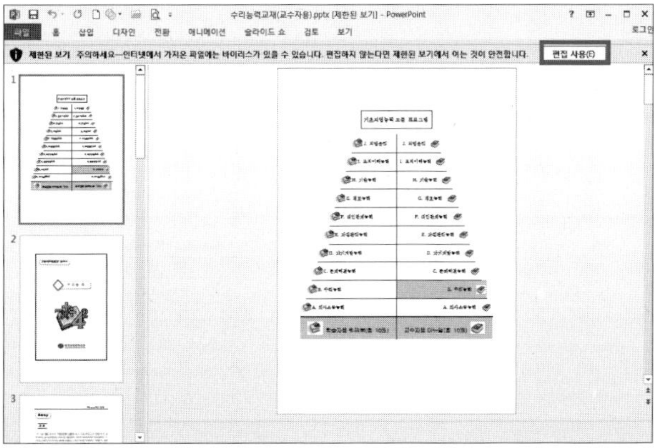

② PPT 파일로 변환된 프레젠테이션 파일을 열고 [편집 사용] 버튼을 클릭하여 제한된 보기 설정을 해제한다. 제한된 보기가 해제되면서 슬라이드 내용 편집이 가능해진다. 단, PDF 원본 파일이 이미지로 구성된 경우에는 PPT 슬라이드로 변환하여도 이미지 형태이므로 텍스트 편집은 불가능하다.

Tip PDF 파일을 한글 파일로 변환하는 방법

PDF 파일에 내용을 추가하거나 불필요한 내용을 삭제하는 등의 편집은 쉽지 않다. 그리고 참고하고 싶은 자료를 일일이 적는 것도 불편한 일이다. 이럴 때 편집 가능한 한글 파일로 변환해서 작업할 수 있다.

① PDF 파일을 HWP 파일로 변환하는 방법
알툴즈 사이트(http://www.altools.co.kr)에 접속하여 '알PDF' 프로그램을 설치한 후 실행한다. [홈]-[한글로]-[HWP로 변환] 메뉴를 클릭하면 한글 파일로 변환이 가능하다. 이때, 텍스트가 스캔한 이미지로 구성되어 있을 경우, 문자인식(OCR) 사용 옵션을 이용하면 이미지가 텍스트로 인식되어 변환된다.

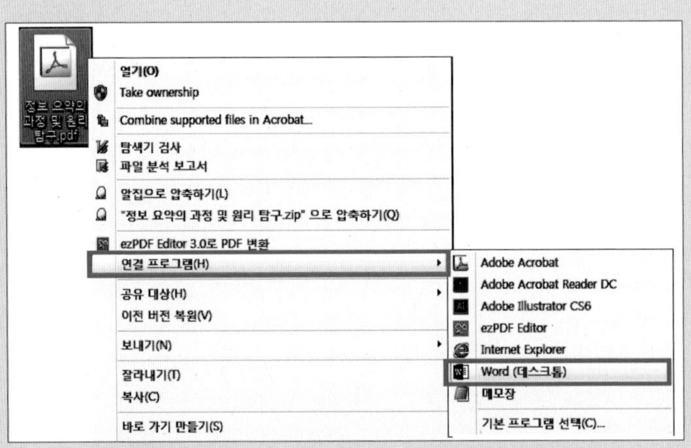

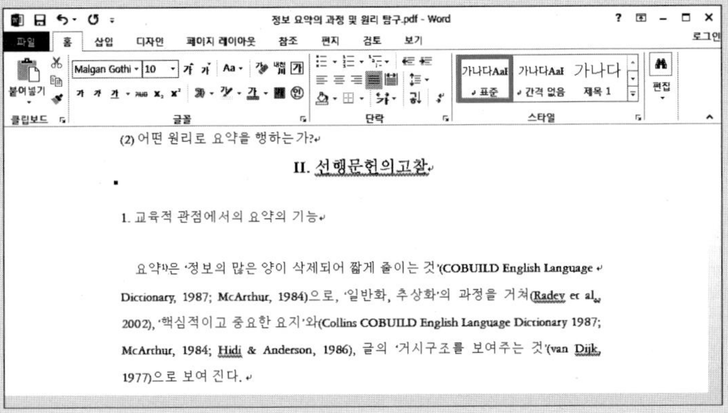

② PDF 파일을 Word 파일로 변환하는 방법

PDF 파일에서 마우스 오른쪽 버튼을 클릭하여 [연결 프로그램]에서 [Word(데스크톱)]을 선택하면 마이크로소프트 워드 2013 버전에서 PDF 문서를 곧바로 열 수 있다. PDF 문서를 일반 문서처럼 편집하고 난 후 [파일]-[다른 이름으로 저장] 메뉴를 통해 MS 워드 문서(*.docx) 또는 PDF 파일로 저장할 수 있다.

제2절 알아 두면 유용한 프레젠테이션 자료 제작 기법

1. 슬라이드 전체 글꼴 한꺼번에 바꾸기

프레젠테이션 문서에 있는 글꼴을 바꾸려면 각 슬라이드마다 텍스트 상자를 선택하고 글꼴을 변경해야 한다. 그러나 [홈] – [편집] – [바꾸기] – [글꼴 바꾸기] 메뉴를 선택하면 현재 글꼴을 새로 지정한 글꼴로 쉽게 변경할 수 있다. 만약 '더블바이트 글꼴을 싱글바이트 글꼴로 바꿀 수 없다'는 오류 메세지가 뜬다면, 글꼴 크기가 동일한 글꼴을 선택하거나 일일이 글꼴 서식을 변경해야 한다.

2. 텍스트 슬라이드 서식 편집하기

(1) 줄 간격과 단락 간격 조정하기

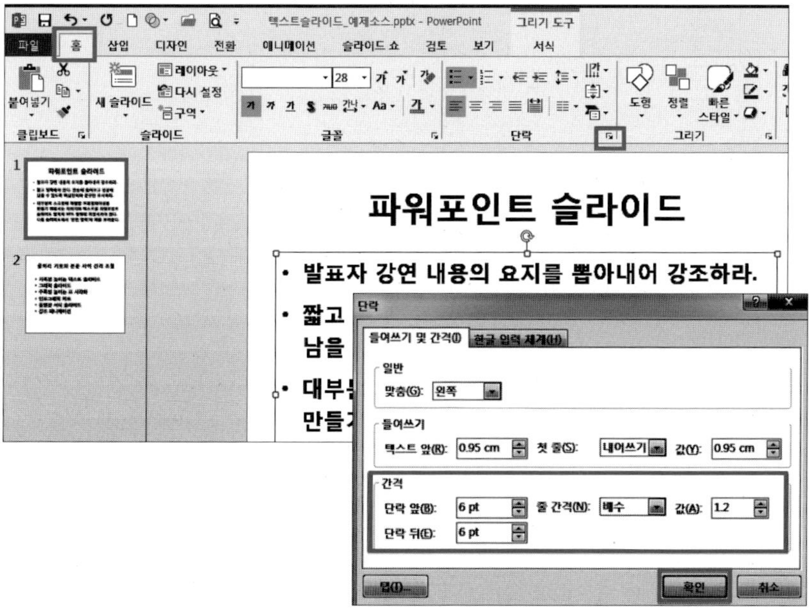

① 텍스트의 가독성을 높이기 위해 줄 간격과 단락 간격을 조정할 수 있다. 먼저, 텍스트 내용 상자를 선택한 다음 [홈] – [단락] 옵션 버튼을 클릭한다.

② 파워포인트에서 줄 간격의 기본값은 1(100%)로 설정되어 있는데, [배수] 옵션을 선택하고 1.2 또는 1.3을 입력하면 좀 더 세밀하게 줄 간격을 조절할 수 있다.

③ 단락 간격 조정으로 항목간의 내용 파악을 용이하게 설정할 수 있는데, 단락 앞, 뒤에 각각 6 pt를 입력하고 [확인] 버튼을 클릭하면 된다.

(2) 문자 간격을 조절하여 보기 좋게 정렬하기

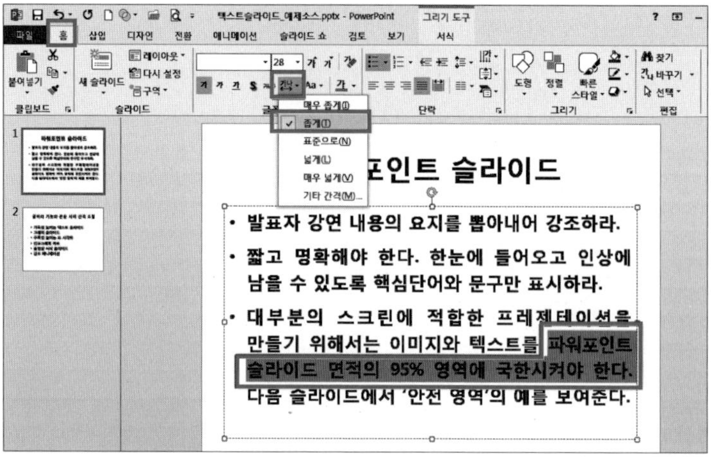

① 문자와 문자 사이의 간격을 조절하기 위해서는 먼저 텍스트 영역을 선택한다.

② [홈] – [글꼴] 그룹에서 [문자 간격]을 선택하고 [좁게] 또는 [넓게] 메뉴를 선택한다. 좀 더 세밀하게 문자 간격을 조절하려면 [기타 간격]을 클릭하면 가능하다.

(3) 글머리 기호와 본문 사이 간격 조절하기

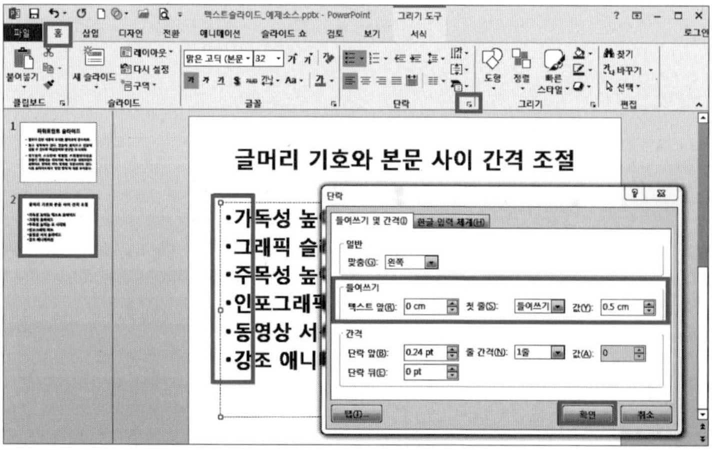

① 텍스트 앞에 글머리 기호를 넣게 되면 자동으로 간격이 벌어지게 되는데, 이를 조정하려면 [홈] – [단락] 옵션을 클릭한다.

② 글상자 테두리와 글머리표 간의 간격을 조정하려면 '단락' 창에서 들여쓰기 부분을 텍스트 앞: 0cm 으로 설정하고, 첫 줄: 들여쓰기 또는 내어쓰기 값을 조정하면 된다.

3. 여러 사진 파일을 불러 자동 배치하기

여러 장의 사진이나 이미지 파일을 한꺼번에 불러서 아래와 같이 다양한 형태로 쉽고 빠르게 배열할 수 있다.

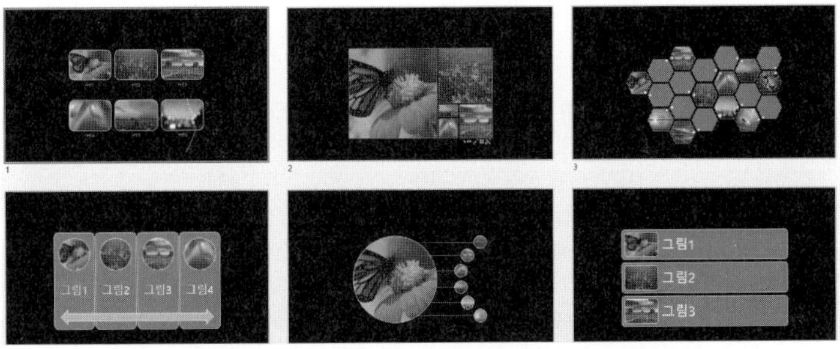

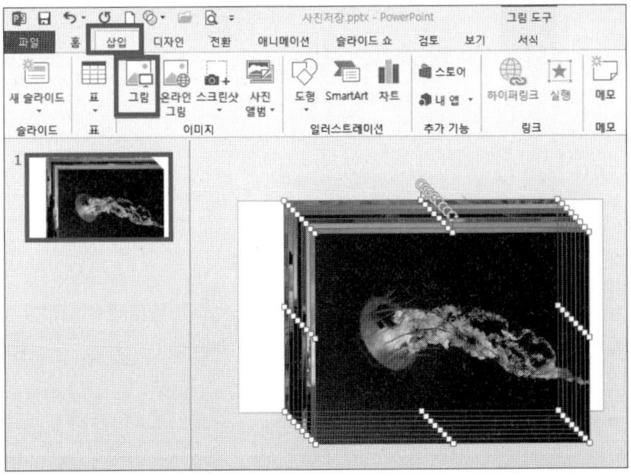

① 먼저 [삽입] – [그림] 메뉴로 사진을 모두 불러온다.

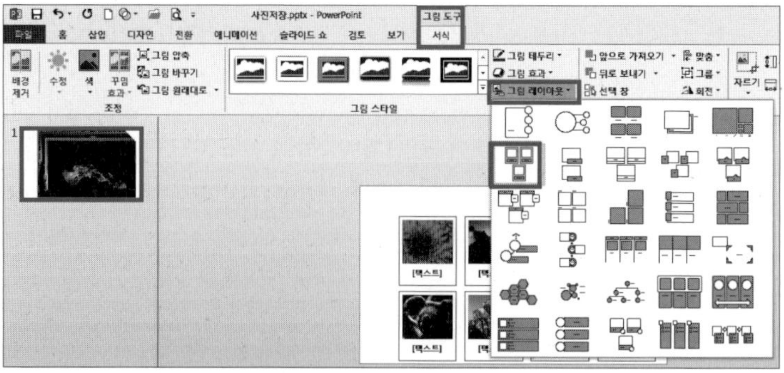

② [그림 도구] – [서식] – [그림 레이아웃]을 클릭하고 레이아웃 목록 중에 하나를 선택하면 자동으로 그림 스타일과 크기, 서식 등이 적용된다.

4. 이미지 보정과 이미지 자르기

(1) 컬러 사진을 흑백 사진으로 만들기

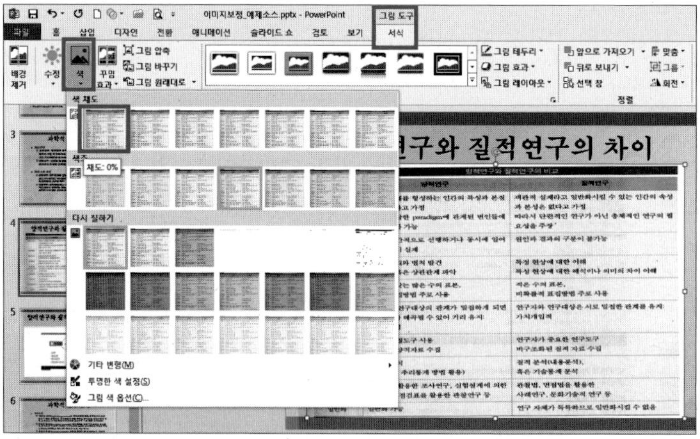

슬라이드 내에 삽입한 컬러 사진을 인쇄용으로 적합한 흑백 사진으로 만드는 방법은 [그림 도구] – [서식] – [색]에서 색 채도를 0%로 설정하면 된다. 이 때 해당 이미지를 선택해야 상단에 [그림 도구] 메뉴가 나타난다.

(2) 이미지 선명하게 보정하기

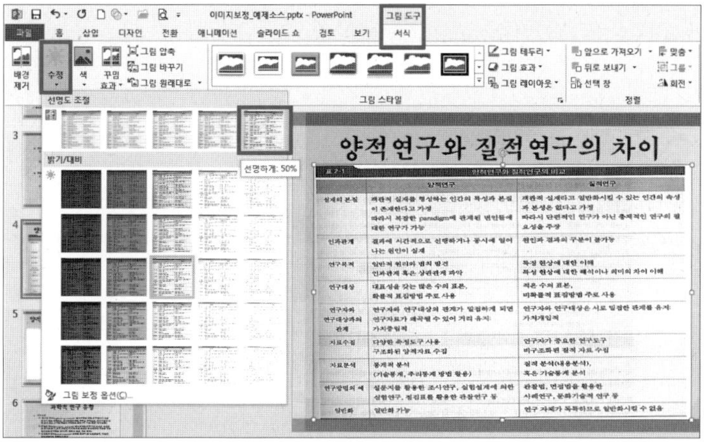

슬라이드에 삽입한 사진이 어둡거나 흐릿한 경우 [그림 도구] – [서식] – [수정] 메뉴에서 선명도 조절을 선명하게: 50%로, 밝기/대비 값을 조정하면 선명하면서 밝은 이미지로 보정할 수 있다.

(3) 불필요한 이미지 영역 자르기

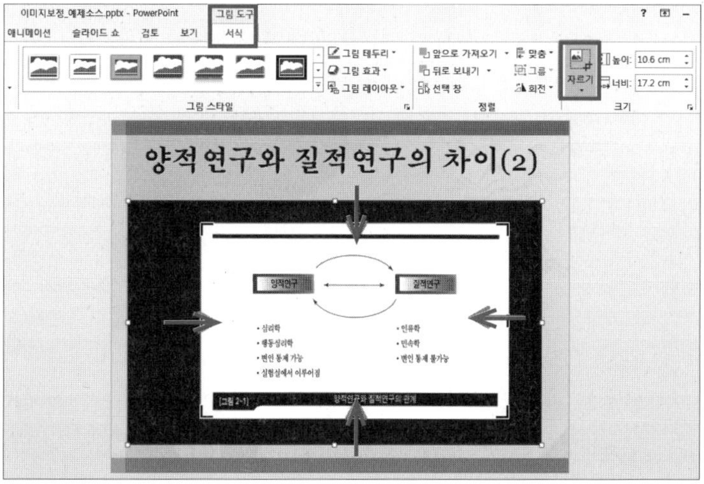

스캔한 이미지 또는 직접 촬영한 사진 등을 삽입할 경우 원하는 부분만 남기고 나머지 부분은 제거해 주는 간단한 방법을 소개한다. 먼저 해당 이미지를 선택하고 [그림 도구]–[서식]–[크기] 그룹의 [자르기] 메뉴를 클릭한다. 이때 이미지 테두리 영역에 굵은 실선 모양의 조절선이 생기는데, 이것을 마우스로 드래그하여 잘라낼 영역을 지정한 후 마우스로 해당 이미지 외에 다른 영역을 클릭하면 자르기가 완료된다.

5. 동영상 첫 표지 만들기

동영상을 슬라이드에 삽입하면 재생하기 전의 첫 화면이 주로 검정색으로 보인다. 이때 [비디오 도구]–[서식] 메뉴를 이용하면 동영상의 첫 화면을 임의로 지정할 수 있다.

① 동영상 포스터 지정 방법은 먼저, 비디오 개체를 선택하고 미리보기를 통해 동영상의 표지 장면을 일시정지하여 고른다. 이후 [비디오 도구]–[서식] 메뉴의 [포스터 틀]–[현재 틀] 메뉴를 클릭하면 포스터 틀이 설정된다.

② 슬라이드 디자인 테마에 어울리게 동영상을 삽입하게 되면 동영상이 재생될 때 화면 크기가 작아서 잘 안보이는 경우가 발생할 수 있다. 이러한 경우 [비디오 도구] – [재생] – [비디오 옵션] 그룹에서 [전체 화면 재생]을 체크해주면, 동영상이 재생될 때 자동으로 전체 화면 크기에서 재생되므로 디자인 서식과도 일관성 있게 꾸밀 수 있게 된다.

6. 핵심만 강조하는 애니메이션 적용하기

(1) 발표내용 강조하여 보여주기

목차 슬라이드처럼 발표 순서를 소개하거나 마무리 슬라이드로 요약정리를 해주거나 핵심내용을 다시 한 번 더 강조할 때 사용할 수 있는 기능으로, 발표자의 멘트와 함께 준비된 내용을 보여주고 다음 내용이 나올 때에는 이전의 내용을 흐리게 하거나 숨길 수 있다.

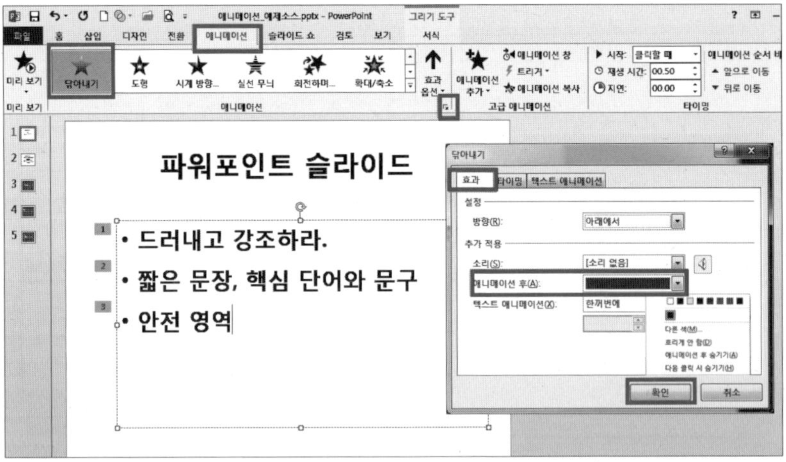

① 텍스트 개체를 선택하고 [애니메이션] – [나타내기] – [닦아내기] 효과를 선택하고 효과옵션 대화상자 아이콘( )을 클릭한다.

② '닦아내기' 창에서 [효과] 탭의 [애니메이션 후] 옵션을 [다른 색] 또는 [다음 클릭 시 숨기기] 메뉴로 선택하고 [확인] 버튼을 클릭한다.

(2) 빈칸 사라지는 애니메이션

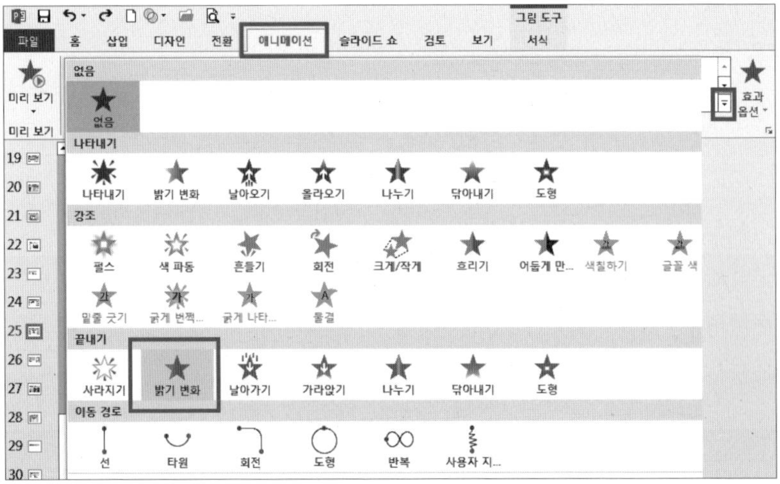

이 애니메이션은 수업의 마무리 부분에서 배운 내용을 요약하거나 형성평가를 위한 퀴즈로 활용하여 학습자와 상호작용할 때 유용하게 쓰일 수 있다. 먼저 [삽입] – [도형]에서 직사각형을 삽입하여 중요한 핵심단어 부분을 가린 뒤 [애니메이션] – [끝내기] – [밝기 변화]를 적용하여 클릭할 때마다 빈칸이 사라지게 만들 수 있다.

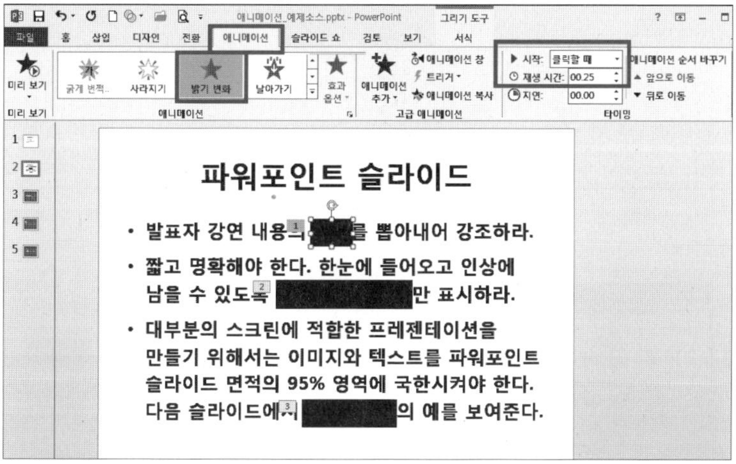

(3) 핵심 키워드 강조하여 나타내기

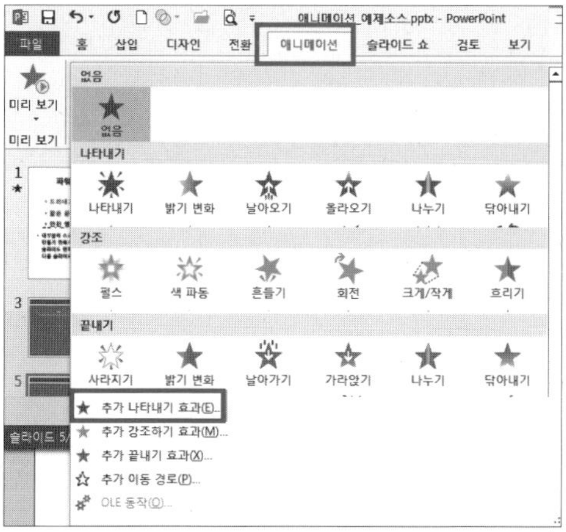

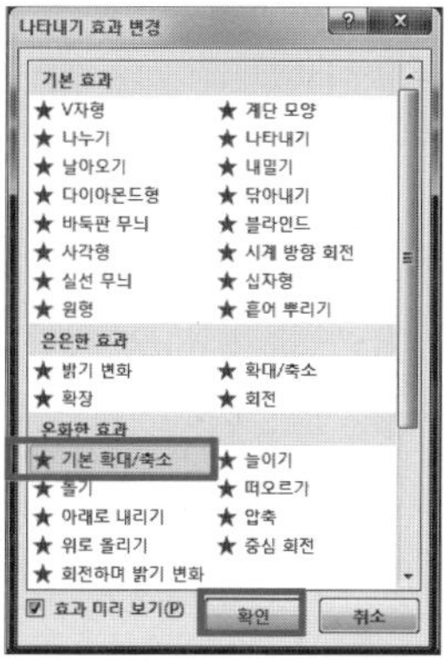

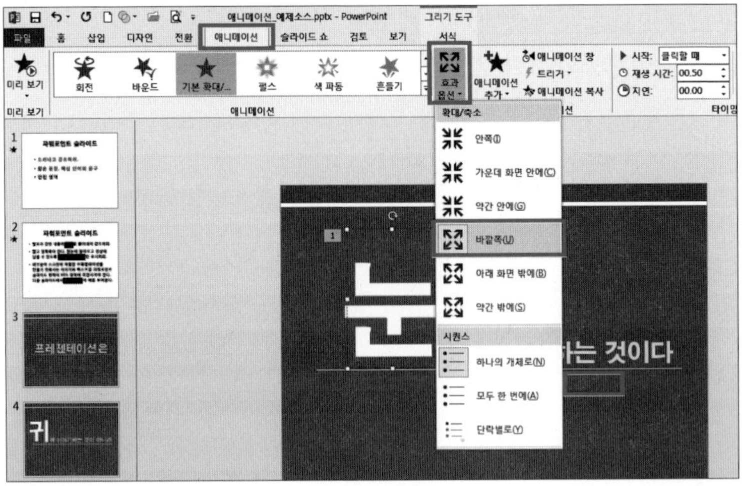

수업의 도입 부분에서 학습 주제 또는 핵심 키워드를 강조하여 나타내고자 할 경우 사용하는 기능이다. 먼저, 애니메이션을 적용할 개체(텍스트 또는 이미지 등)를 선택하고 [애니메이션] – [추가 나타내기 효과] – [기본 확대/축소]를 클릭한다. 그런 다음 [효과 옵션] – [바깥쪽]을 설정한 후 [미리보기] 버튼을 클릭하여 애니메이션 적용 결과를 확인해 본다.

7. 글꼴 포함하여 문서 저장하기

프레젠테이션 파일을 외부로 전달하거나 다른 컴퓨터에서 그 파일을 열었을 경우, 슬라이드 작업에 사용한 글꼴이 지원되지 않아 글꼴이 깨지거나 정렬이 흐트러진 경험이 있을 것이다. 프레젠테이션 자료 편집 시 사용한 글꼴이 다른 컴퓨터에 설치되지 않아서 발생하는 문제인데, 이러한 경우 파워포인트 프로그램의 저장 옵션을 이용하면 간단히 해결할 수 있다.

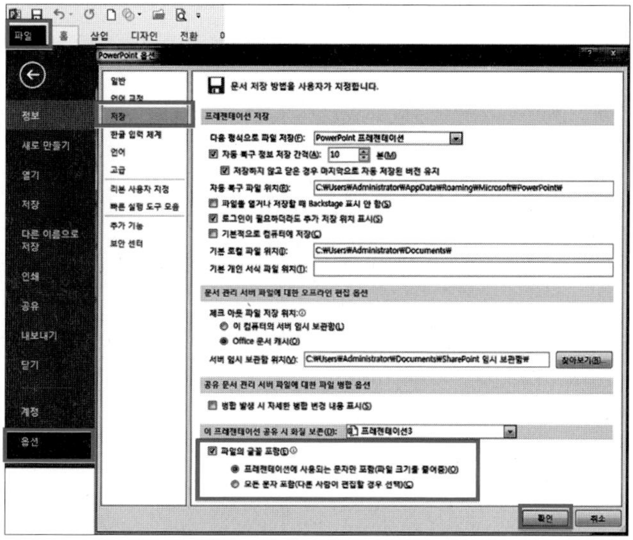

① 파워포인트 왼쪽 상단 메뉴에서 [파일] – [옵션]을 클릭한다.

② 'PowerPoint 옵션' 창에서 [저장] 옵션을 클릭하고 '파일의 글꼴 포함' 항목과 2개의 하위 옵션중 하나를 선택한 후 [확인] 버튼을 클릭한다.

- 프레젠테이션에 사용되는 문자만 포함: 다른 컴퓨터에서 해당 폰트가 없어도 모두 정상적으로 보인다. 단, 해당 컴퓨터에 없는 폰트의 내용을 수정할 경우에는 글꼴이 깨진다.
- 모든 문자 포함: 다른 컴퓨터에서 해당 글꼴이 없어도 모두 정상적으로 보이고 편집도 가능하다. 단, 문서 파일 크기가 증가한다.

③ 이렇게 글꼴을 포함하여 저장된 문서를 다른 컴퓨터에서 열었을 때, 해당 글꼴이 없는 경우 '읽기 전용'으로 표시되고 글꼴은 유지되어 있음을 알 수 있다.

제3절 효과적인 수업을 위한 프레젠테이션 실행 도구

1. 한글 파일 프레젠테이션 진행하기

파워포인트 파일을 만들지 않고 한글 파일로 바로 프레젠테이션을 실행할 수 있는 기능이다. 파워포인트처럼 강력한 프레젠테이션 기능을 제공할 수는 없지만 프레젠테이션 모드로 설정하여 수업을 진행할 수 있다.

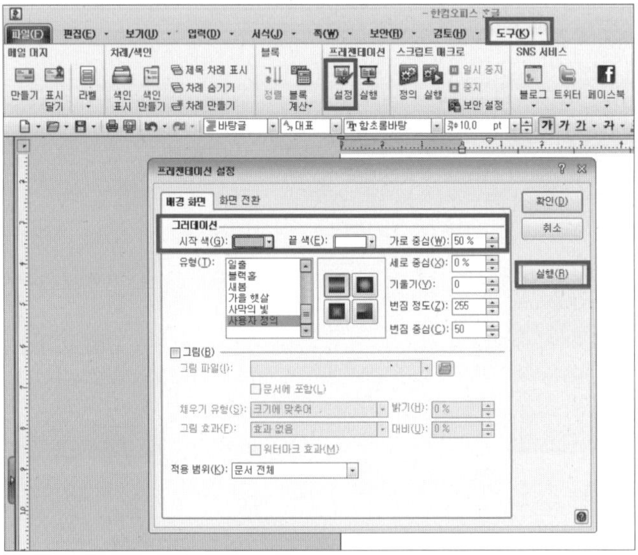

① 한글 프로그램에서 [도구] 메뉴를 클릭하여 [프레젠테이션 설정]을 클릭한다.

② [프레젠테이션 설정] 창이 나타나면 [배경 화면] 탭에서 그라데이션 유형을 선택하고 [실행] 버튼을 클릭한다.

③ 한글 파일이 [배경 화면] 탭에서 설정한 그라데이션 유형이 적용된 프레젠테이션 모드로 바뀌게 된다.

2. PDF 파일 프레젠테이션 진행하기

PDF 파일은 문서를 생성한 응용 프로그램에 관계없이 PDF로 파일을 저장하면 컴퓨터, 스마트 기기를 가릴 것 없이 쉽게 파일을 열어볼 수 있다는 장점을 갖고 있는데, 특히 강의실에서 파워포인트 자료를 열었을 때 프로그램 버전이 맞지 않거나 글꼴이 깨지는 오류를 대비하여 파워포인트를 PDF로 변환해서 프레젠테이션을 진행할 수 있다.

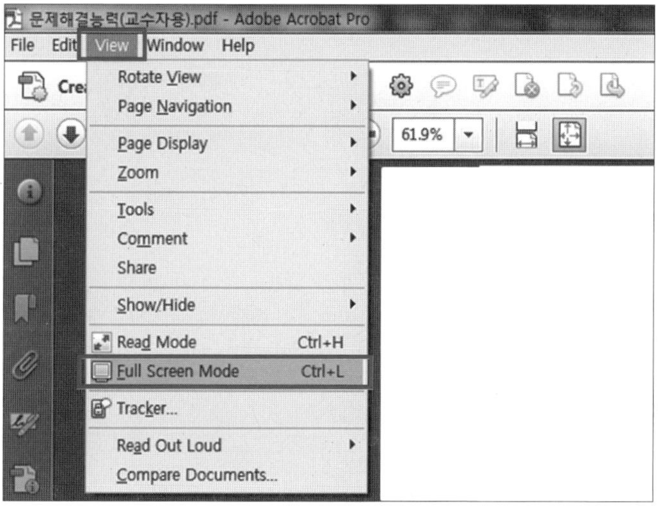

① PPT 파일을 PDF 파일로 변환한 후 PDF 파일 무료 뷰어인 아크로뱃 리더 프로그램에서 PDF 파일을 불러온다.

② [View] - [Full Screen Mode] 메뉴 또는 [Ctrl+L] 단축키를 누르면 프레젠테이션 모드로 바뀌게 된다. 다음 슬라이드로 이동하는 방법은 마우스 왼쪽 버튼 클릭 또는 키보드 방향키(오른쪽, 아래쪽)를 이용하면 된다.

③ 프레젠테이션 화면을 확대/축소하고자 할 때에는 [Ctrl] 키를 누른채 마우스 휠 버튼을 위아래로 조정하면 된다.

3. 유용한 프레젠테이션 실행 팁

(1) 현재 슬라이드부터 슬라이드 쇼 시작하기

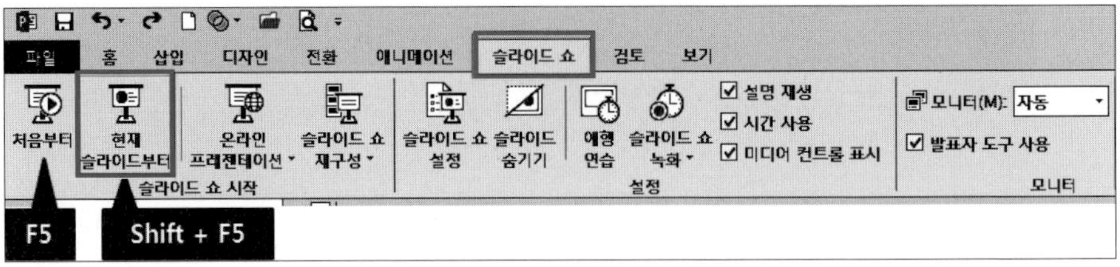

수업자료가 많거나 설명이 길어지다 보면 잠시 쉬었다가 발표를 이어가는 경우가 생긴다. 슬라이드의 중반부터 발표를 시작하고자 할 때, 발표 순서에 해당하는 슬라이드에 위치시키고 [슬라이드 쇼] – [현재 슬라이드부터] 메뉴를 누르거나 [shift +F5] 단축키를 이용하면 된다.

슬라이드 쇼 모드에서 윈도우 작업표시줄을 표시하려면 [Ctrl +T] 키를 누르면 되고, 특정 슬라이드로 바로 이동하려면 [슬라이드 번호 + Enter] 키를 누르면 된다.

(2) 슬라이드 쇼 모드에서 프레젠테이션화면 숨기기

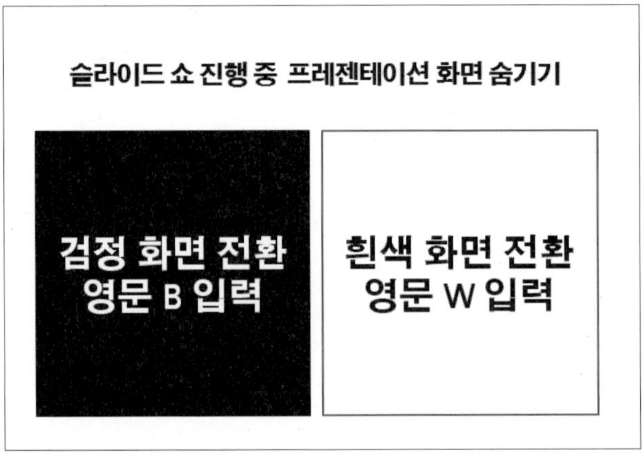

슬라이드 쇼 모드에서 화면을 검정 화면으로 변경하려면 영문 B를 입력하고, 화면을 흰색 화면으로 변경하려면 영문 W를 입력하면 된다.

(3) 프레젠테이션 수업진행 시 판서하기

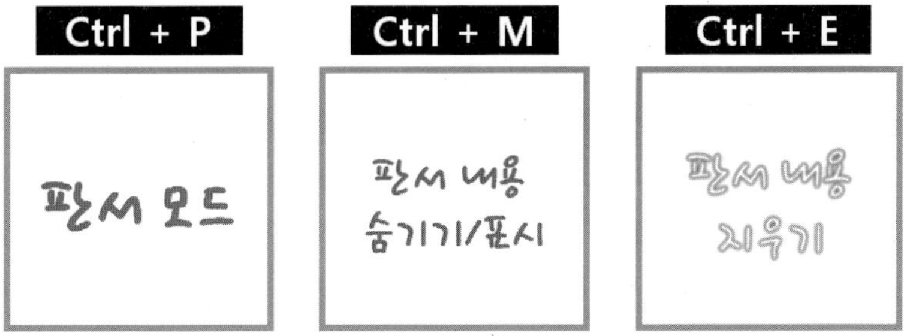

슬라이드 쇼 모드에서 판서 모드로 변환하기는 [Ctrl+P] 단축키를 누르면 된다. 판서를 진행하다가 판서 내용을 삭제하려면 [Ctrl+E] 단축키를 누르고, 판서 내용을 숨기기 또는 표시하려면 [Ctrl+M] 단축키를 누르면 된다. 판서 모드를 끝내고 슬라이드 쇼 모드를 빠져나오려면 [ESC] 키를 누르면 된다.

(4) 복제 단축키로 작업시간 줄이기

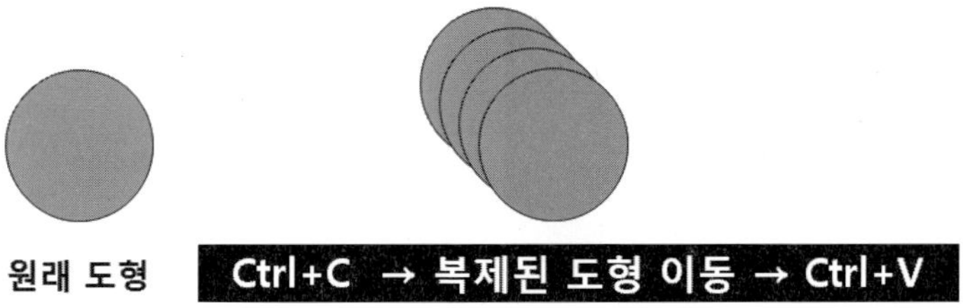

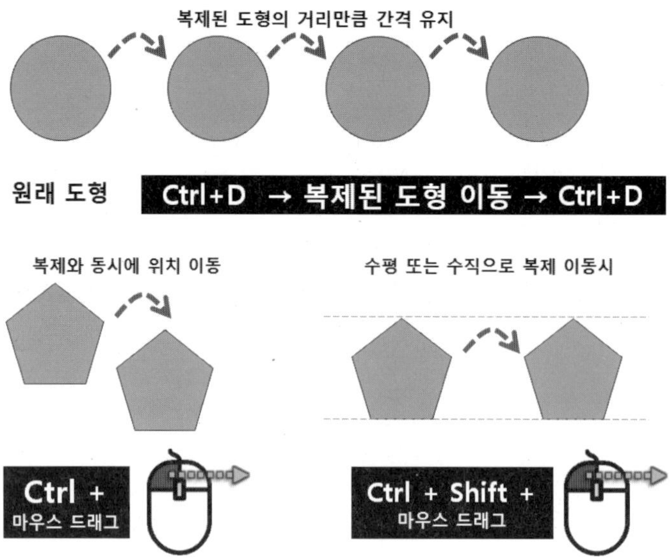

슬라이드 내용으로 도형, 텍스트와 같은 개체를 복사하여 재사용할 경우, 일반적으로 많이 쓰는 [Ctrl+C] 단축키가 있는데, [Ctrl+D] 단축키와 비교하면 앞의 그림과 같다.

(5) 서식관련 단축키로 작업시간 줄이기

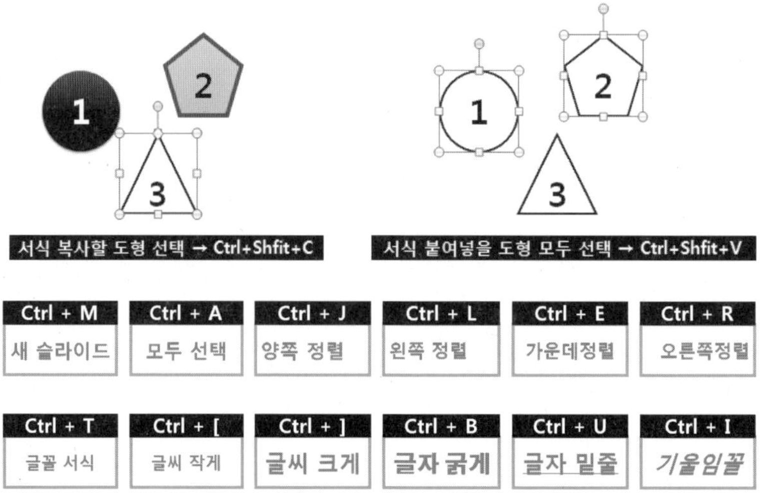

(6) 한눈에 정리하는 파워포인트 단축키

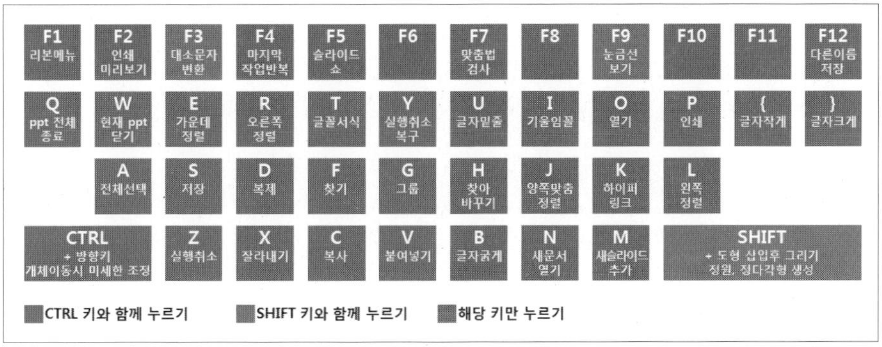

4. 줌잇 프로그램과 함께 활용하기

프레젠테이션 자료인 PPT 파일 뿐만 아니라 PDF 파일, HWP 파일 등으로 수업을 진행할 때 효과적인 판서 프로그램으로 무료 소프트웨어인 '줌잇(Zoomit)'을 활용하는 방법을 소개한다.

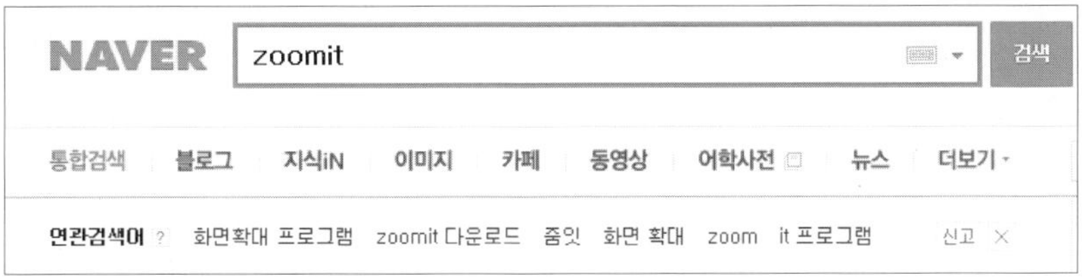

① 네이버 사이트에서 'Zoomit'으로 검색한 후 블로그에 게시된 프로그램이나 마이크로소프트 홈페이지(http://me2.do/5xo2gXY5)에서 프로그램을 다운로드한다.

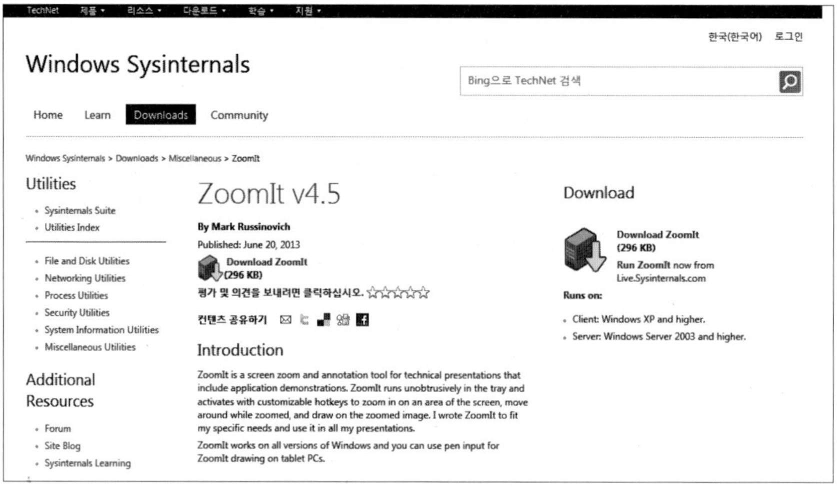

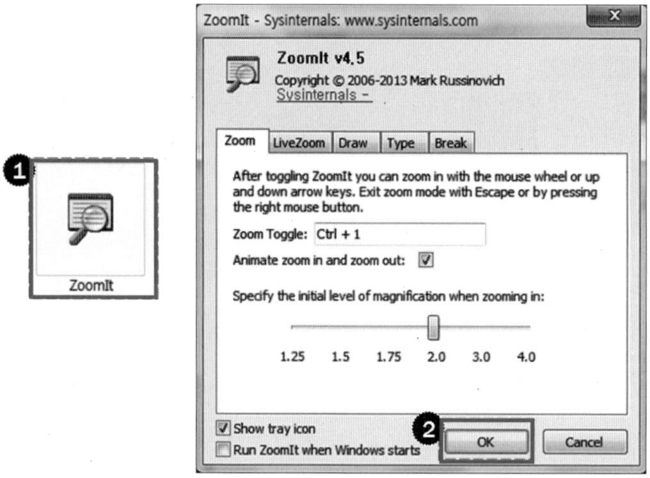

② Zoomit 프로그램을 더블클릭하여 [OK] 버튼을 누르고 프로그램을 실행한다.

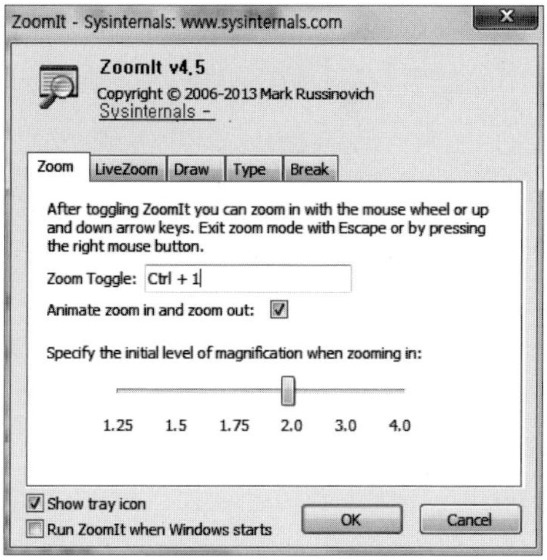

③ 프레젠테이션 화면을 확대 및 축소하는 방법은 [Ctrl+1] 단축키를 누르고 마우스 휠이나 키보드 방향키(↑↓)를 이용하여 화면 크기를 조절한다. 화면 확대 시 초기 확대 단계를 앞의 그림과 같이 2.0, 3.0, 4.0으로 조정할 수 있다. 확대 종료 또는 원래 화면 모드로 변경하려면 [ESC] 키나 마우스 오른쪽 버튼을 클릭하면 된다.

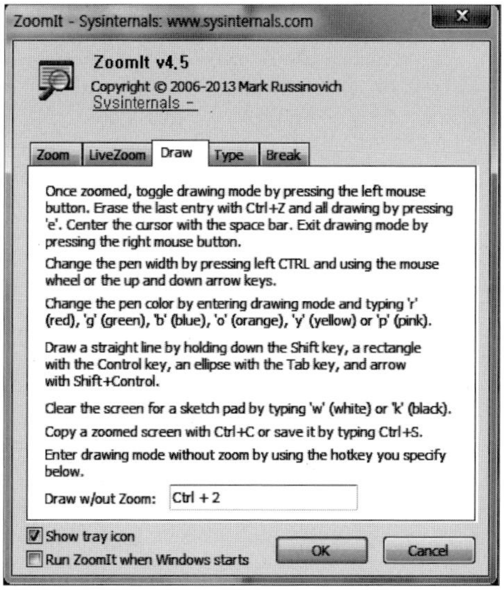

④ 프레젠테이션 판서 모드는 [Ctrl+2] 단축키를 누르면 그리기 모드로 변경된다.

또는 화면 확대 모드 ([Ctrl+1])에서 화면 크기를 결정한 후 마우스왼쪽 버튼을 클릭하면 판서 모드로 자동 변경된다.

- 펜 굵기 조절은 [Ctrl] 키를 누른 상태에서 마우스 휠이나 키보드 방향키(↑↓)를 이용하면 변경된다. 펜 색상 변경은 색상의 영문 단축키를 누르면 된다(빨강 R, 초록 G, 파랑 B, 주황 O, 노랑 Y, 분홍 P).
- 다양한 그리기 모드로는 직선, 사각형, 타원, 화살표를 그릴 수 있는데 직선은 [Shift] 키를 누른 채로 드래그하면 되고, 사각형은 [Ctrl] 키를 누른 채로 드래그하면 된다. 타원은 [Tab] 키를 누른 채로 드래그하면 되고, 화살표는 [Shift+C-trl] 키를 누른 채로 드래그하면 된다.
- 판서 내용을 모두 지울 때는 영문 E 키를 누르면 된다.
- 판서 모드에서 화면을 숨길 때에는 영문 W 키를 누르면 흰색배경으로, 영문 K 키를 누르면 검정배경으로 채워진다.
- 판서 모드 종료는 [ESC] 키나 마우스 오른쪽 버튼을 클릭하면 원래 화면으로 돌아간다.

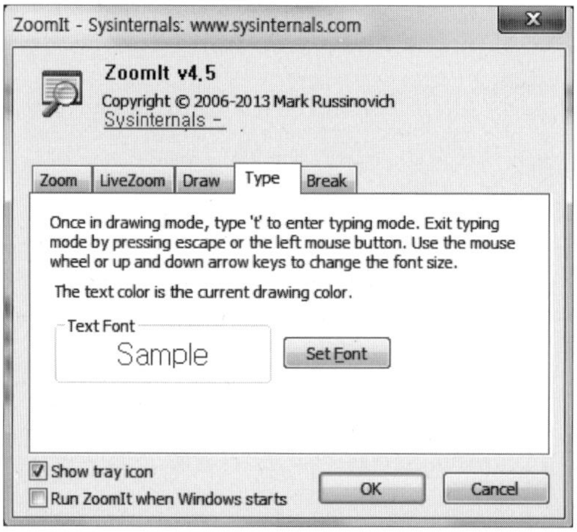

⑤ 판서 모드에서 글자입력 모드로 전환하려면 영문 T 키를 입력하고 타이핑하면 된다.

- 글꼴 크기 변경은 마우스 휠이나 키보드 방향키(↑↓)를 이용하면 되고 글자입력 모드 종료 역시 [ESC] 키나 마우스 오른쪽 버튼을 클릭하면 된다.
- 글자 입력의 경우 영문과 숫자만 가능하고 한글 입력은 불가능하다.

⑥ 프레젠테이션을 진행하다보면 시간을 재어 퀴즈를 내거나 질문에 답을 해야 하는 경우가 발생하게 된다. 이러한 경우 학습자들에게 타이머로 생각할 시간을 정해준 뒤 발표를 시키면 수업진행에 도움이 될 수 있다.

- 타이머 시작 단축키는 [Ctrl+3]이고, 시간 조절은 마우스 휠이나 키보드 방향키(↑↓)를 이용하면 된다.
- 타이머 종료는 [ESC] 키나 마우스 오른쪽 버튼을 클릭하면 된다.

Tip 프레젠테이션에 사용된 글꼴 백업하기

파워포인트에서 글꼴을 포함하여 문서를 저장하면 글꼴이 유지된 채 프레젠테이션 자료를 볼 수 있지만, 해당 글꼴이 설치되어 있지 않은 경우 그 파일은 [읽기 전용]으로 열리기 때문에 텍스트 편집을 할 경우 다른 글꼴로 대체된다. 이런 경우, 프레젠테이션 슬라이드에 사용된 글꼴 파일을 백업받아 두었다가 강연 장소에 있는 컴퓨터에 글꼴 파일을 설치하고 프레젠테이션 자료를 열면 된다.

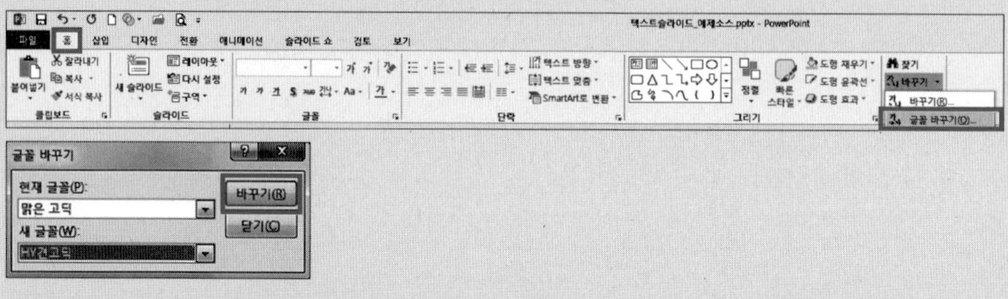

① 파워포인트 프로그램에서 [홈]-[바꾸기]-[글꼴 바꾸기] 메뉴를 클릭하여 '현재 글꼴'에 등록된 글꼴이 무엇인지 살펴본다.

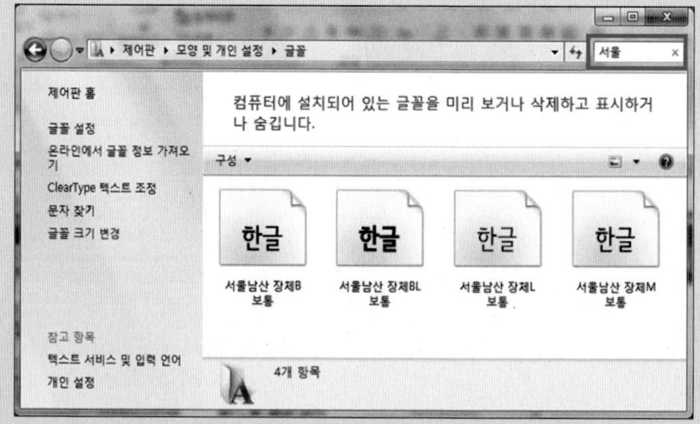

② 윈도우 제어판 메뉴에서 [모양 및 개인설정]-[글꼴]로 들어가서 오른쪽 상단에 있는 검색 입력 창에 찾고자 하는 글꼴명을 입력하고 해당 글꼴 파일들을 별도의 USB 메모리나 클라우드 계정으로 복사, 이동하면 된다.

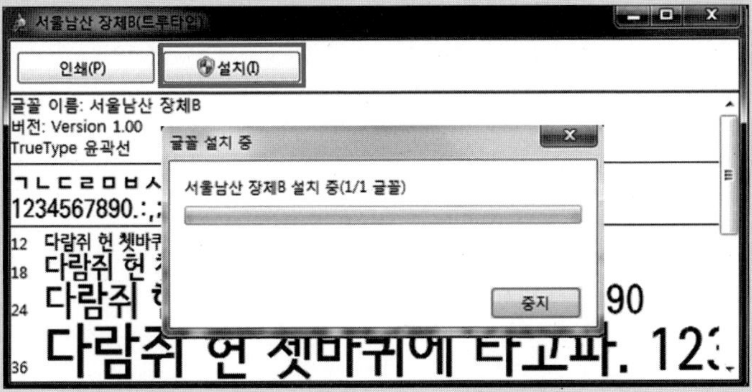

③ 강연 장소에 있는 컴퓨터에서 백업받아둔 글꼴 파일을 더블클릭하고 [설치] 버튼을 눌러 설치가 완료되면, 프레젠테이션 자료를 열어 글꼴이 깨지지 않고 내용이 제대로 보이는지 확인하면 된다.

제1절 구글 설문을 이용한 강의평가 설문 작성하기

1. 강의평가용 설문지 만들기
2. 강의평가용 설문 주소 배포하기
3. 강의평가 설문 응답 받기

제2절 구글 설문을 이용한 강의평가 설문 결과보기

1. 설문 결과 요약보기
2. 설문 결과 응답보기
3. 설문 결과 저장하기

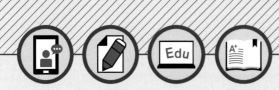

제 6 장

강의 중간점검을 위한 구글 설문조사

강의 초반부에 학습자의 특성을 분석하거나 강의 중반부에 강의점검 및 학기말에 강의평가를 위해 설문조사를 할 수 있다. 일반적으로 강의평가는 강의가 종료된 이후에 이루어지기 때문에 강의평가에서 얻어진 결과나 피드백은 해당 강좌에 반영하기가 어렵다. 이러한 문제점을 해결하기 위해 강의가 진행되는 학기 중에 강의평가를 실시할 것을 권장한다. 중간 점검에서 얻어진 강의평가 결과는 바로 후속 강의에 반영되어 학습자의 만족도와 수업의 효과를 높일 수 있기 때문이다. 이 때 활용할 수 있는 유용한 설문도구가 온라인 설문이다. 이미 제2장에서 네이버 폼을 활용한 학습자 분석 방법을 소개한 바 있다.

이 장에서는 가장 널리 활용되고 있는 구글 설문 도구를 소개하고자 한다. 구글 설문은 별도의 비용 없이 손쉽게 설문을 제작할 수 있고 스마트 기기와 메일 등 다양한 수단을 통해 설문을 배포할 수 있다. 또한 설문에 대한 응답이 실시간으로 입력되고 집계되어 자료의 입력과 분석에 걸리는 노력과 시간을 최소화할 수 있다.

제1절 구글 설문을 이용한 강의평가 설문 작성하기

1. 강의평가용 설문지 만들기

① 구글 사이트(http://www.google.co.kr)에서 로그인한 후 [드라이브] 메뉴로 들어간다.

② [새로 만들기] 버튼 또는 [내 드라이브]를 선택하여 [더보기] – [구글 설문지] 메뉴를 클릭한다.

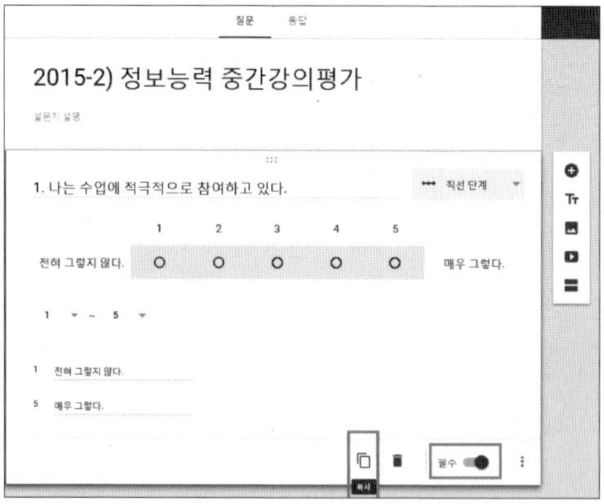

③ 질문 제목과 질문 유형을 입력하고 [복사] 메뉴를 클릭하여 나머지 설문 문항을 계속해서 작성한다.

Tip 질문 유형 선택하기

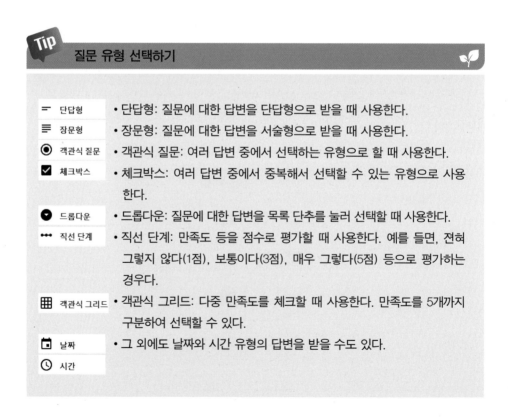

단답형	• 단답형: 질문에 대한 답변을 단답형으로 받을 때 사용한다.
장문형	• 장문형: 질문에 대한 답변을 서술형으로 받을 때 사용한다.
객관식 질문	• 객관식 질문: 여러 답변 중에서 선택하는 유형으로 할 때 사용한다.
체크박스	• 체크박스: 여러 답변 중에서 중복해서 선택할 수 있는 유형으로 사용한다.
드롭다운	• 드롭다운: 질문에 대한 답변을 목록 단추를 눌러 선택할 때 사용한다.
직선 단계	• 직선 단계: 만족도 등을 점수로 평가할 때 사용한다. 예를 들면, 전혀 그렇지 않다(1점), 보통이다(3점), 매우 그렇다(5점) 등으로 평가하는 경우다.
객관식 그리드	• 객관식 그리드: 다중 만족도를 체크할 때 사용한다. 만족도를 5개까지 구분하여 선택할 수 있다.
날짜 시간	• 그 외에도 날짜와 시간 유형의 답변을 받을 수도 있다.

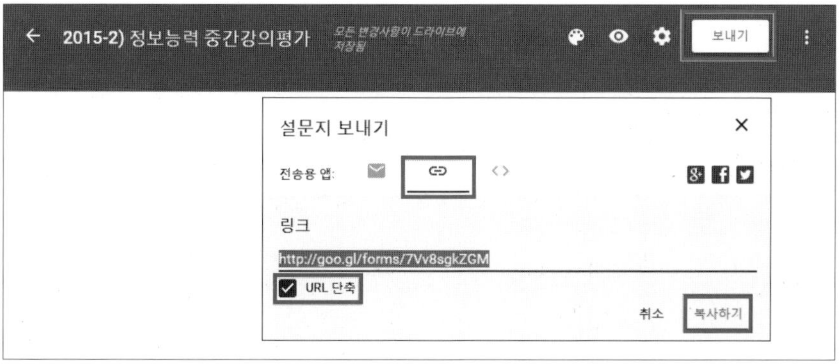

④ 설문 문항을 모두 입력하였으면 오른쪽 상단의 [보내기] 버튼을 클릭하여 설문지 작성을 마무리한다.

2. 강의평가용 설문 주소 배포하기

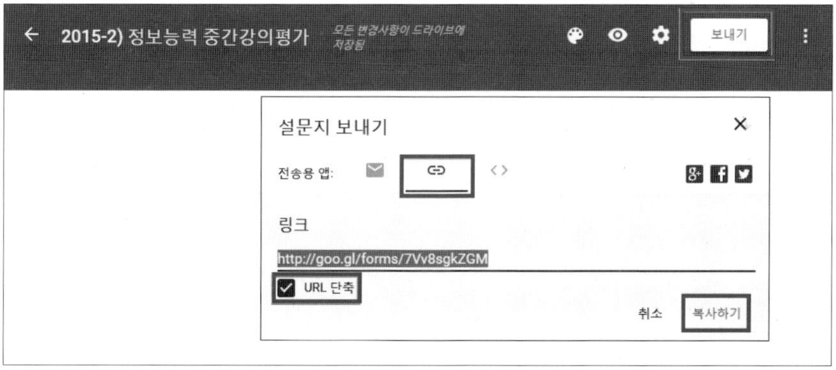

① 설문지 작성 화면의 오른쪽 상단에 있는 [보내기] 버튼을 클릭하여 링크 모양의 아이콘을 클릭하면 설문지 주소가 생성된다. 'URL 단축'을 체크하면 짧아진 설문지 조사 URL을 확인할 수 있다.

② 설문 주소를 QR코드로 배포하려면 미투두 사이트(http://me2.do)에 접속하여 구글 설문지 URL 원본 주소를 복사(Ctrl+C)하여 붙여넣기(Ctrl+V) 한다.

③ [URL 단축] 버튼을 클릭하면 짧아진 URL 주소와 QR코드가 만들어진다.

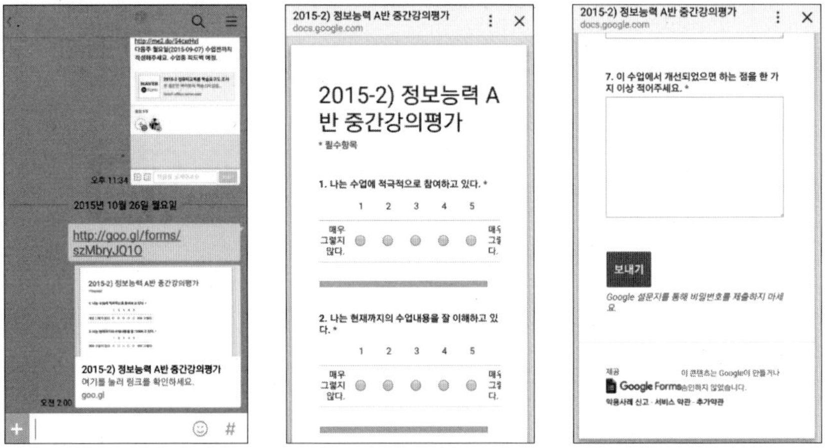

④ 설문조사 URL을 SMS로 전송하거나 모바일 메신저, 온라인 강의실과 같은 SNS를 통해 전달하여 조사를 실시할 수 있다.

3. 강의평가 설문 응답 받기

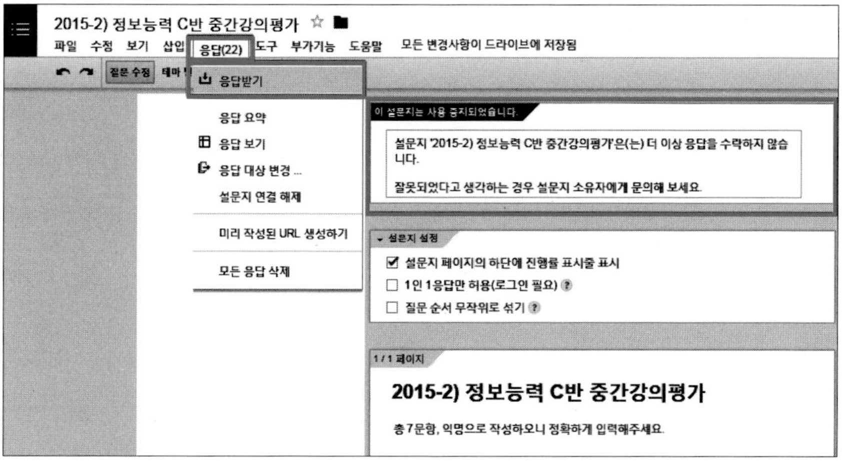

[응답] - [응답받기]를 클릭하면 더 이상 설문조사를 진행하지 않고 설문조사가 중지된다. 그리고 응답 메뉴의 괄호( ) 안의 숫자는 설문에 응답한 총 인원수를 나타내는 것이다.

제2절 구글 설문을 이용한 강의평가 설문 결과보기

1. 설문 결과 요약보기

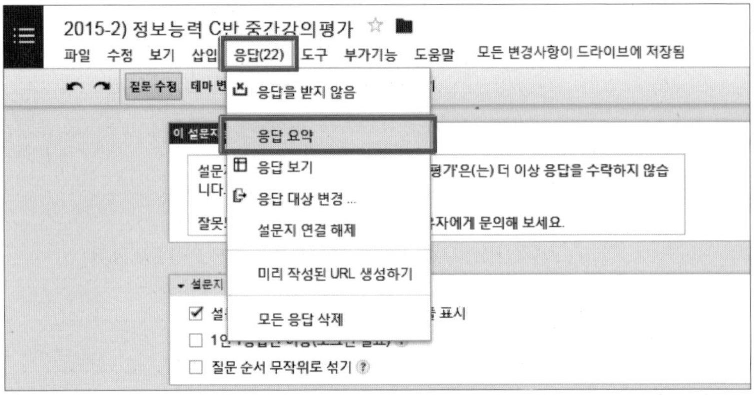

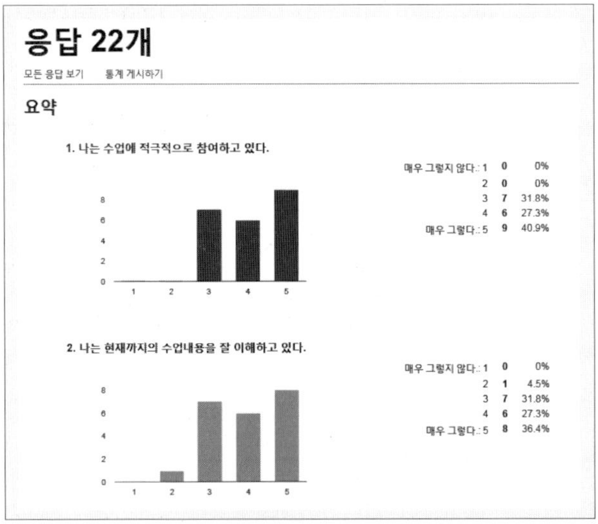

설문 응답이 완료된 구글 설문지에서 [응답] – [응답 요약] 메뉴를 클릭하면 각 설문 문항의 빈도분석 결과가 막대차트와 표의 형식으로 요약되어 나타난다.

2. 설문 결과 응답보기

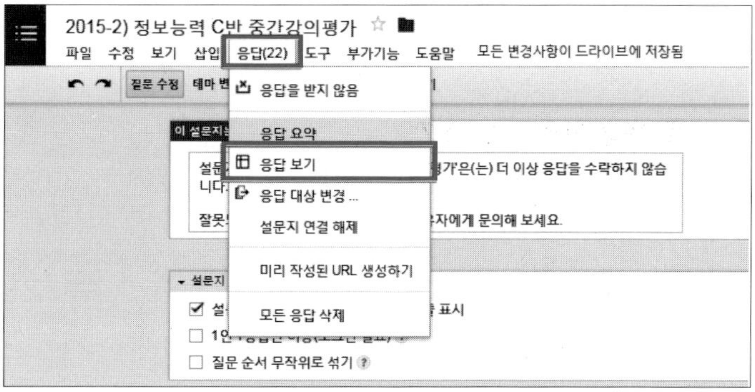

개별 응답자의 설문 데이터를 보려면 [응답] – [응답 보기] 메뉴를 클릭한다. 스프레드 시트 창으로 변환되어 응답자의 설문 입력시간인 타임스탬프 셀과 함께 응답 내용이 표시된다.

3. 설문 결과 저장하기

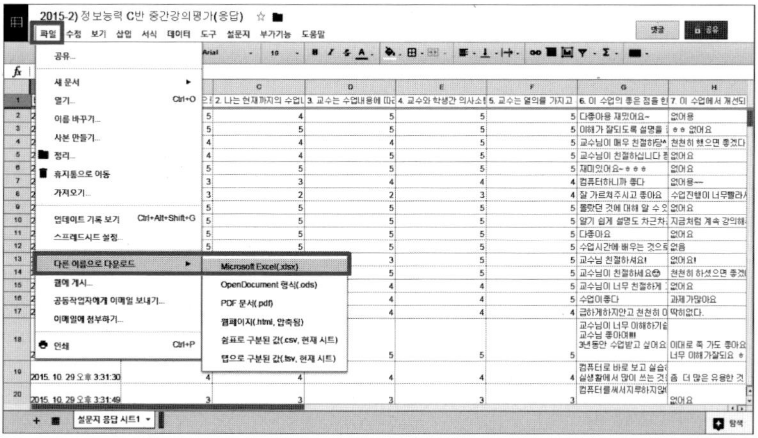

설문 응답 요약에 제시된 막대차트와 빈도분석표 이외에 다양한 통계 분석을 위해서는 설문 응답 데이터를 저장하는 것이 필요하다. 개별 응답자의 설문 데이터를 다

운받으려면 [파일] – [다른 이름으로 다운로드] – [Microsoft Excel(.xlsx)] 메뉴를 클릭하면 저장할 수 있다.

Tip 구글 설문 응답 엑셀 시트 열기

구글 온라인 설문조사는 조사가 시작되면 응답 엑셀 시트가 별도의 파일로 자동 생성되기 때문에 설문지 양식 페이지에서 [응답보기]를 누르지 않고도 실시간으로 설문 응답 결과를 모니터링 할 수 있다.

제1절 스마트 커뮤니케이션을 위한 룸 생성하기

1. 핑퐁 설치 및 준비하기
2. 룸 입장하기

제2절 학습자와 실시간 상호작용하기

1. 실시간 응답 확인하기
2. 텍스트나 이미지로 응답하기

제 7 장

학습자 상호작용을 위한 스마트 커뮤니케이션(1)

교수자와 학습자 간의 활발한 상호작용은 학습자 중심 수업에 있어서 매우 중요하다. 그러나 학습자의 자발적인 질문이나 반응을 이끌어 내기는 쉽지 않다. 학생들이 수업에 적극적으로 참여하지 못하는 이유는 주변의 시선을 의식하거나 이전의 불쾌한 경험, 자신감 부족 등에서 찾아볼 수 있다. 학습자의 불안감을 줄이는 방법은 자신의 신분을 노출시키지 않고 자유롭게 의견 개진이 가능하게 하는 것이다. 그리고 자신과 다른 사람의 의견이나 생각을 실시간으로 공유하게 함으로써 학습 흥미를 높일 수 있다. 이를 위해 활용할 수 있는 도구는 온라인 상호작용 도구들이다. 핑퐁(Ping Pong), 패들릿(Padlet), 카훗(Kahoot) 등을 예로 들 수 있다.

이 장에서 소개하게 될 핑퐁은 국내에서 개발된 것으로 수업 중 청중의 반응을 실시간으로 확인할 수 있게 도와주는 스마트 클리커(Smart Clicker) 서비스다. 교수자의 질문에 학생들이 응답하면 실시간으로 학생들의 반응을 집계하여 보여줌으로써 학생들의 솔직한 의견이나 수업내용에 대한 이해도를 한눈에 파악할 수 있다. 복잡한 준비 없이 손쉽게 사용할 수 있고 선다형, 서술형, 단답형, 이미지 등 다양한 형태의 응답이 가능하다는 것이 핑퐁의 가장 큰 장점이다.

제1절 스마트 커뮤니케이션을 위한 룸 생성하기

1. 핑퐁 설치 및 준비하기

① 모바일에서 구글 플레이스토어나 애플 앱스토어를 실행하여 '핑퐁'을 검색한 후 설치한다.

② 핑퐁 설치가 완료되면 [진행하기] 버튼을 터치하여 로그인한다. 이때 교수자라면 [진행하기]를 터치하고, 학습자들은 [참여하기]를 선택한다.

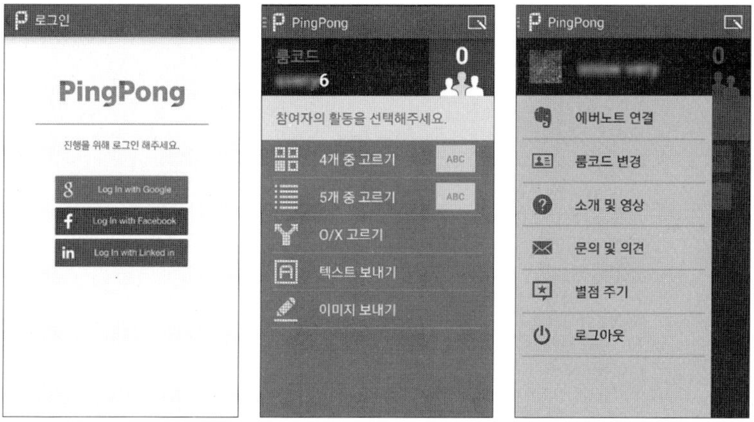

③ 핑퐁 진행을 위해 구글이나 페이스북, Linked in 아이디를 이용하여 로그인하면 룸코드가 발부되는데, 왼쪽 상단의 아이콘(P PingPong)을 눌러 룸코드 이름을 변경할 수 있다.

2. 룸 입장하기

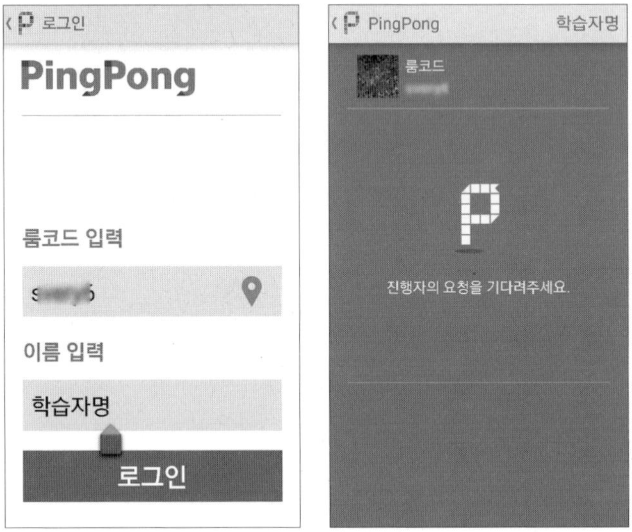

① 학습자 역시 핑퐁 애플리케이션을 설치하고, 핑퐁 실행 첫 화면에서 [참여하기] 버튼을 터치하여 진행자의 룸코드와 참여자의 이름을 입력한다. 참여자 이름은 응답자 확인이 필요한 경우가 아니라면 솔직한 답변을 얻기 위해 닉네임을 사용하도록 한다. "진행자의 요청을 기다려주세요."라는 메시지가 뜨면서 참여하기가 시작된다.

② 교수자가 학생들의 반응 결과를 집계해서 보여주기 위해서는 빔 프로젝트가 연결된 강의실 PC에서 핑퐁 사이트(http://gogopp.com)로 접속하여 'Web beta' 버전으로 선택하고 로그인한다. 참고로 모비즌 애플리케이션을 설치하면 교수자의 스마트 기기 화면을 그대로 보여줄 수도 있다.

③ [PingPong 시작하기]를 누른 후 [진행하기]를 클릭하면 앞서 스마트폰에서 접속한 핑퐁 애플리케이션과 동일한 화면을 확인할 수 있다.

제2절 학습자와 실시간 상호작용하기

1. 실시간 응답 확인하기

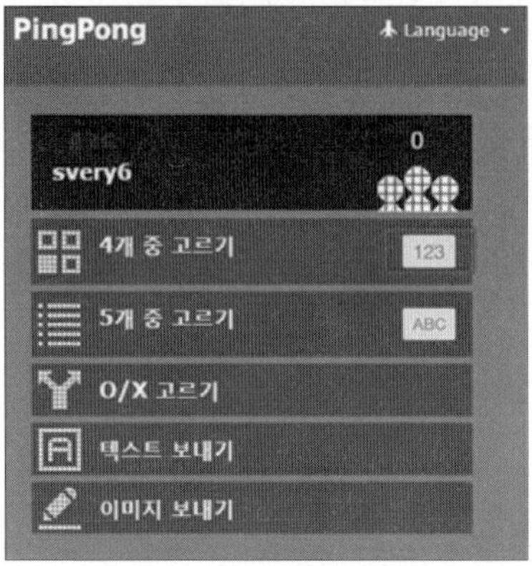

교수자의 문제유형 선택화면

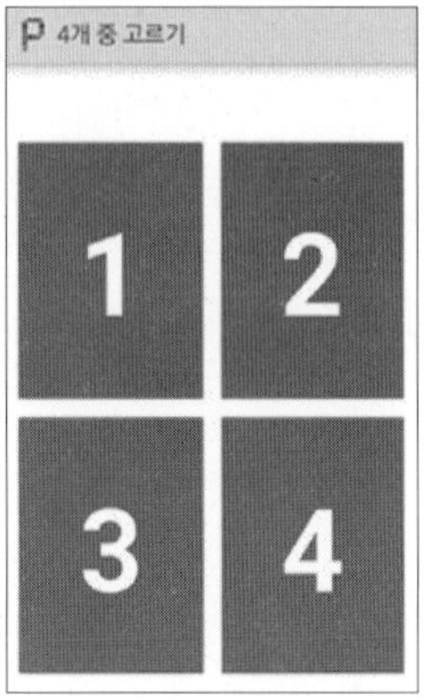

학습자의 응답 화면

① 교수자는 퀴즈나 질문을 칠판에 적거나 육성으로 문제를 출제한다. 그리고 적절한 응답 유형(4지선다, 5지선다, OX) 중 하나를 선택하면 학습자의 핑퐁 화면이 교수자가 선택한 응답 유형으로 바뀌고 퀴즈에 응할 수 있다.

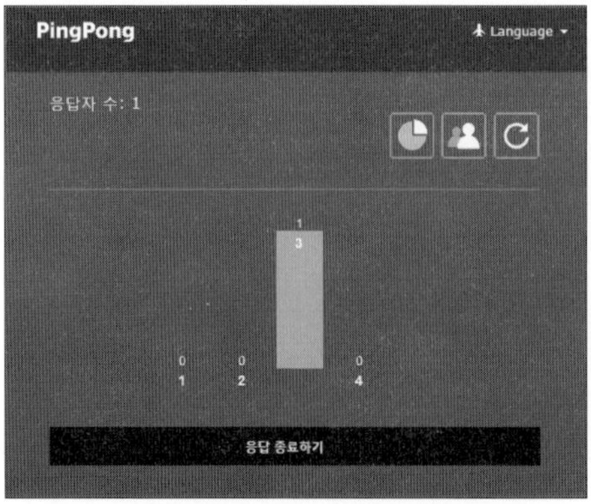

교수자의 응답 집계 결과 화면

학습자의 응답 화면

② [응답 종료하기] 버튼을 터치하면 학습자의 응답이 결과 화면에 더 이상 반영되지 않는다. 뒤늦게 입장한 학습자가 있다면 새로 고침 아이콘( )을 눌러서 응답을 다시 요청할 수 있다.

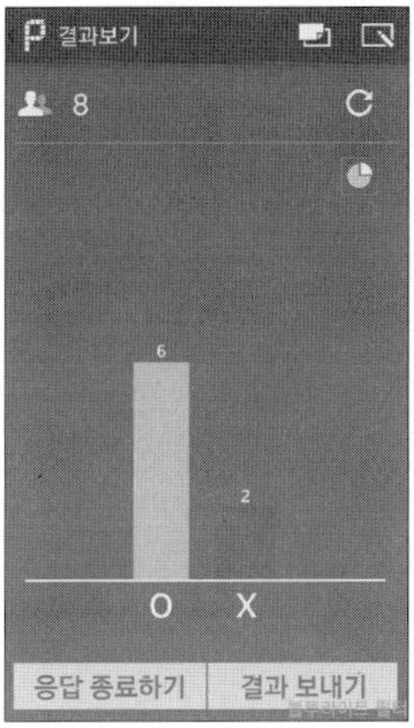

③ 응답 집계 결과는 바로 막대 그래프나 파이 차트로 보여줄 수 있다. 이 때 학습자들은 집계된 결과를 바로 볼 수 있어서 수업에 대한 흥미도를 높일 수 있으며 응답 결과를 바탕으로 다양한 토론이 가능하다.

2. 텍스트나 이미지로 응답하기

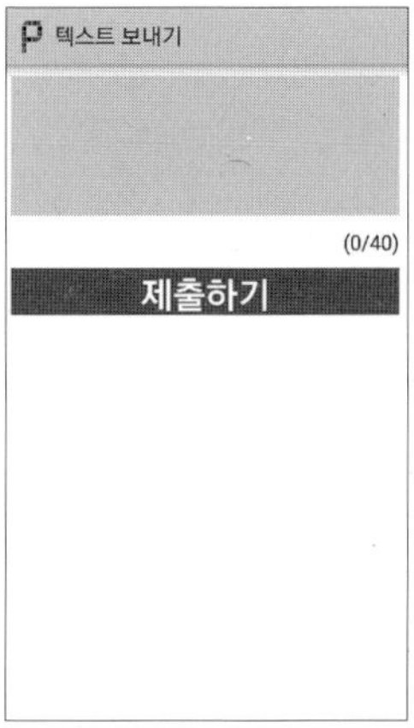

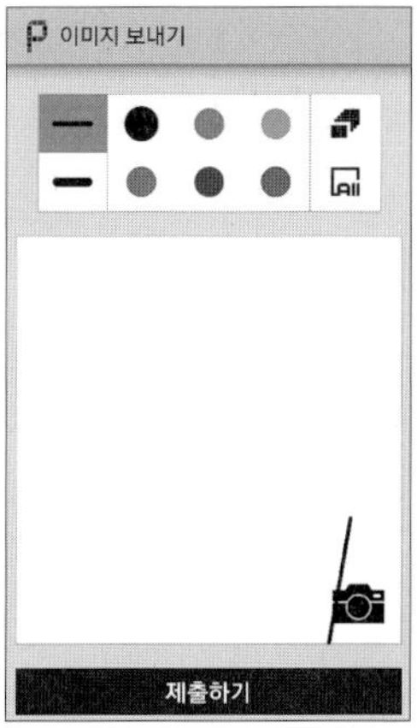

① 응답 유형 중 두 가지(텍스트, 이미지)를 이용하면 학습자의 개인적인 의견이나 생각을 글이나 이미지로 표현할 수 있다. '응답자 보기' 기능을 통해 누가 어떤 답변을 달았는지 확인할 수 있으며, 각 응답을 클릭하면 확대해서 보여줄 수도 있다.

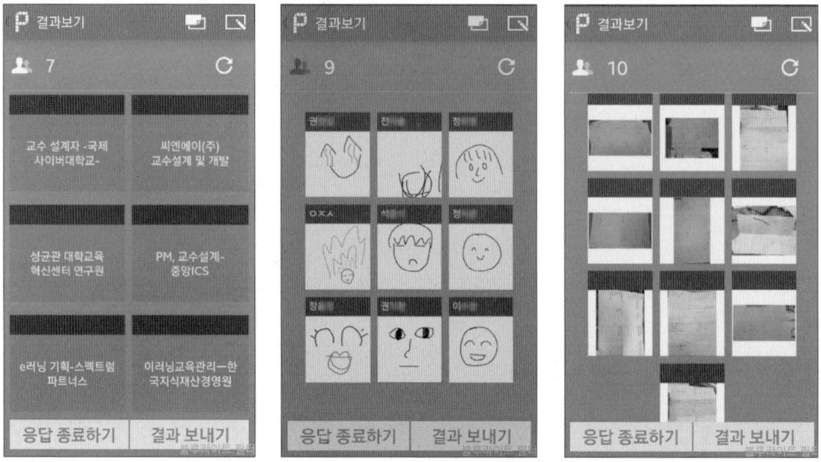

② 이미지는 학습자의 생각을 직접 그림으로 표현하게 함으로써 매우 흥미로운 활동이 될 수 있다. 교수자는 좀 더 다양하고 창의적인 아이디어가 나올 수 있도록 격려한다.

③ 응답 결과를 저장하려면 화면을 캡처하거나 에버노트 애플리케이션과 연동하여 저장하면 된다.

제 8 장

학습자 상호작용을 위한 스마트 커뮤니케이션(2)

아무리 유능한 강사라 하더라도 설명식 수업은 금방 지루해지기 마련이다. 특히 한 학기 동안 이루어지는 연속 강의의 경우 학생들의 주의를 집중시키는 것은 더욱 어려워진다. 그럼에도 불구하고 설명식 수업은 가장 보편적인 수업 방법이며, 단시간에 많은 내용을 소화할 수 있어 가장 효율적인 방법으로 인식되고 있다. 설명식 수업의 단점을 보완하고 학습자의 참여와 활발한 상호작용을 도와줄 수 있는 장치로써 스마트 커뮤니케이션을 소개하고자 한다.

이 장에서는 국내에서 개발된 심플로우(Symflow)를 활용한다. 교수자들은 발표 자료를 업로드하여 프레젠테이션을 할 수 있고, 간단한 설문이나 퀴즈를 내어 실시간으로 응답을 확인할 수 있으며, 학습자는 언제든지 의견이나 질문을 올려서 피드백을 받을 수 있다. 학생들은 애플리케이션 설치나 별도의 가입 절차 없이 강의 사이트에 접속하면 바로 입장할 수 있는 것이 심플로우의 가장 큰 장점이다.

제1절 수업자료 준비하기

1. 심플로우 가입 및 준비하기

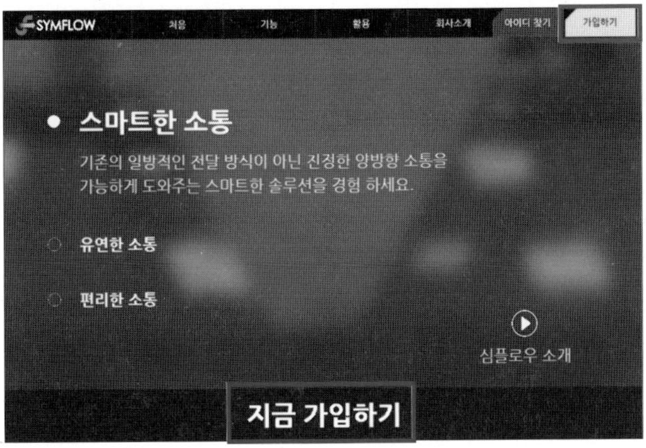

① 심플로우 사이트(www.symflow.com)로 접속하여 [지금 가입하기] 버튼을 클릭한다.

② 회원가입 절차에 따라 아이디와 비밀번호 등을 입력한다.

여기서 아이디(ID)는 (your_id).symflow.com과 같이 자신만의 고유 인터넷 주소로 쓰이기 때문에 청중이 해당 인터넷주소로 접속한다는 점을 유념하여 아이디를 결정하도록 한다.

청중 접속주소	관리자 접속주소	프레젠테이션 접속주소
본인 아이디.symflow.com	본인 아이디.symflow.com/t	본인 아이디.symflow.com/p
교육이나 강연에 참석하는 일반 사용자에게 안내하는 페이지다. 관리자가 올린 발표자료를 확인하거나, 업플로우, 다운플로우가 가능하다.	강연 준비 및 진행을 위한 관리자 접속 페이지로 발표자료 업로드, 다운플로우 문제를 미리 만들어 놓을 수 있다.	강연 현장의 대형 화면에 연결된 pc에서 접속하는 주소다. 관리자 페이지에서 원격으로 이 화면을 조작할 수 있다. 발표자료의 화면뿐만 아니라 강조하고 싶은 다운플로우 문제 및 업플로우에 등록된 화면을 보여 줄 수 있다.

③ 청중의 접속주소는 'http://본인아이디.symflow.com'이고, 관리자의 접속주소는 청중의 접속주소 끝에 /t를 추가하면 된다.

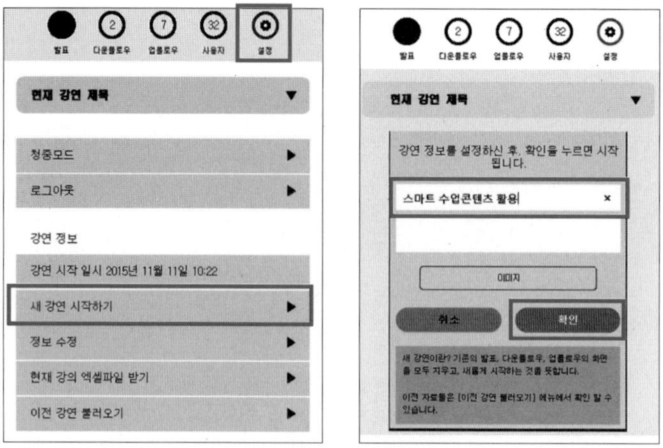

④ 새 강연을 시작하기 위해, 관리자의 접속주소(본인아이디.symflow.com/t)로 로그인한다. 그다음 [설정] – [새 강연 시작하기]를 클릭하여 새로운 강연방을 개설한다.

2. 수업자료 올리기와 공지하기

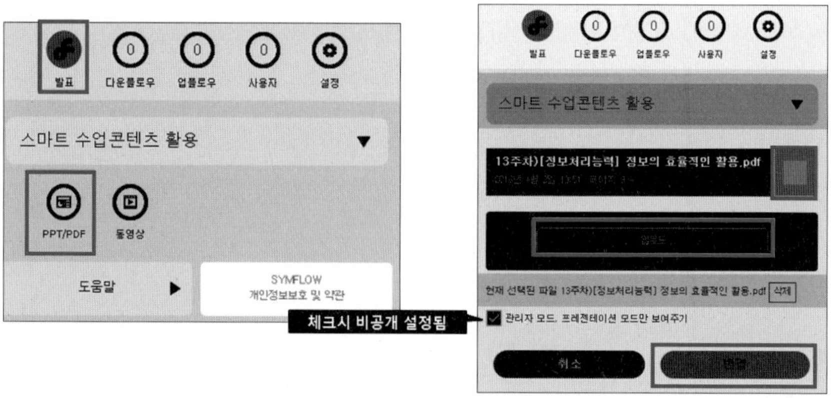

① [발표] – [PPT/PDF] 메뉴를 클릭하여 수업자료 파일을 업로드한다. 최대 30장,

20mb의 용량 제한이 있고, PPT 파일에 적용된 애니메이션과 동영상은 동작하지 않는다. 이때, '관리자 모드, 프레젠테이션 모드만 보여주기'를 체크하면 비공개로 설정되어 학생들은 발표자료를 볼 수 없게 된다.

② '동영상' 자료는 유튜브, 비미오(Vimeo)에 업로드된 동영상을 활용할 수 있다. 각 사이트의 동영상 URL 주소를 입력하면 업로드되는데, 두 사이트 이외의 동영상은 삽입할 수 없다는 것이 한계다. 만약 직접 제작한 동영상 파일을 업로드하고자 할 때는 유튜브 사이트에 계정을 만들어 해당 영상을 게시한 후, 유튜브에 업로드된 동영상의 URL 주소를 입력하면 된다. 추가된 동영상은 [load] 버튼을 클릭하면 실행되고, [edit] 버튼을 클릭하면 해당 동영상을 삭제하거나 위치를 변경할 수 있다.

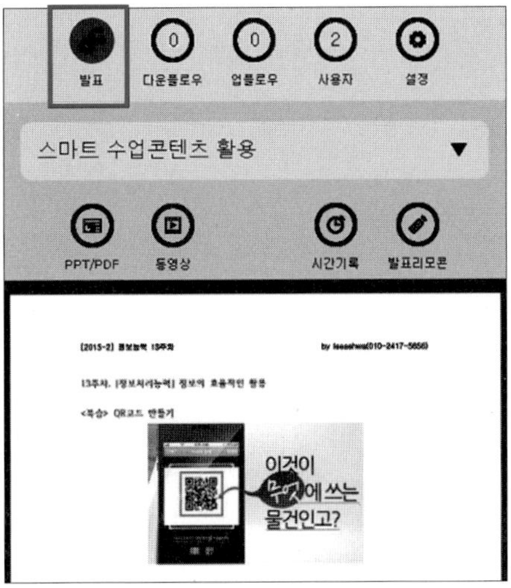

③ [발표] 메뉴를 클릭하면 업로드된 수업자료를 확인할 수 있다. 학생들은 프레젠테이션 모드(본인아이디.symflow.com/p)로 접속하여 확인이 가능하다.

이때 '시간기록'과 '발표리모콘'은 발표자가 각 페이지마다 어느 정도의 시간을 발표에 소요했는지 파악할 수 있는 기능이다. 발표시간이 엄격히 제한되어 있는 경우 연습 및 실제 발표에서 활용할 수 있다. [시간기록] 메뉴를 클릭하면 전체 소요 시간과, 현재 슬라이드의 시간이 나타난다.

3. 학생 구분하여 수업자료 이용하기

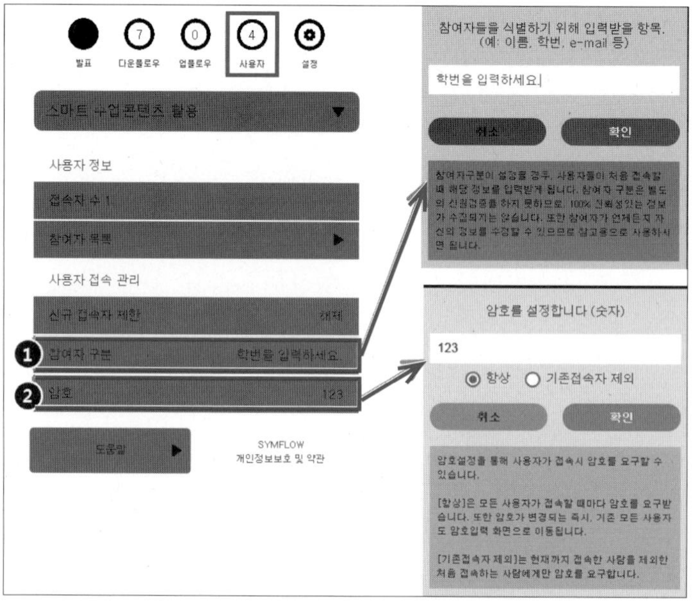

① [사용자] – [참여자 구분]은 기본값이 '해제'로 설정되어 익명으로 질문하거나 간단한 설문조사 시에 유용하다. 그러나 과제 제출이나 토론 및 발표수업에서 참여자가 누구인지 파악하기 위해서는 학번, 이름과 같은 정보를 입력받아 사용자 접속 관리를 할 수 있다.

② '암호 설정'은 사용자가 접속시 정확하게 암호를 입력한 경우에만 발표 자료를 보거나 퀴즈에 응하고, 질문을 할 수 있게 된다.

제2절 학습참여 유도하기

1. 선행학습퀴즈로 출석확인하기

다운플로우 메뉴를 이용하면 학습자에게 설문, 퀴즈 등을 출제할 수 있고 선행학습 정도 체크와 형성평가용으로 활용할 수 있다.

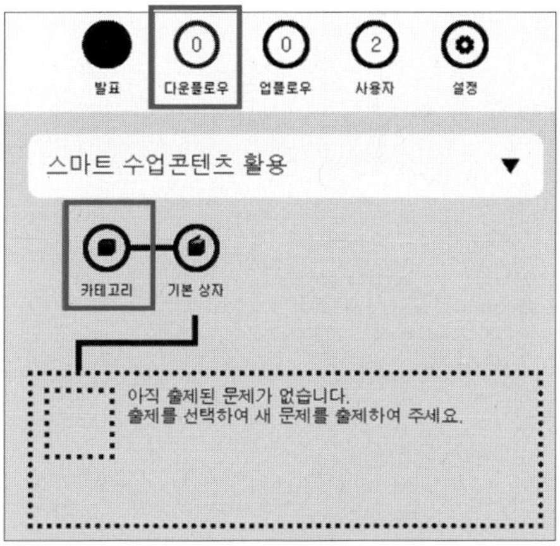

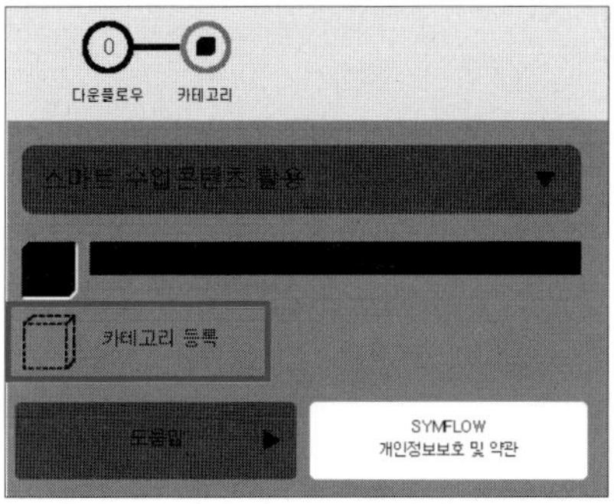

① [다운플로우] – [카테고리]에서 [카테고리 등록] 메뉴를 클릭한다.

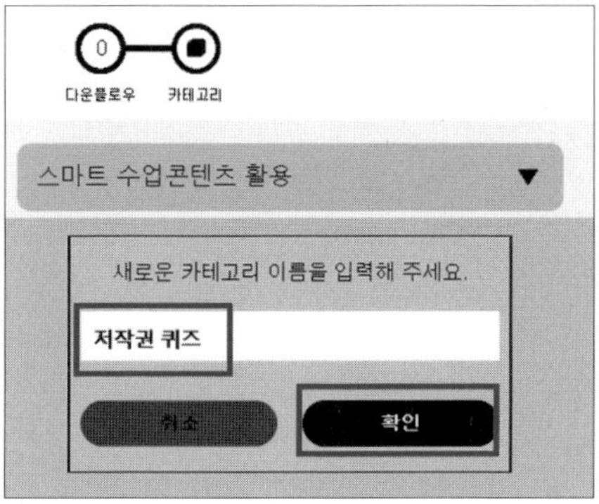

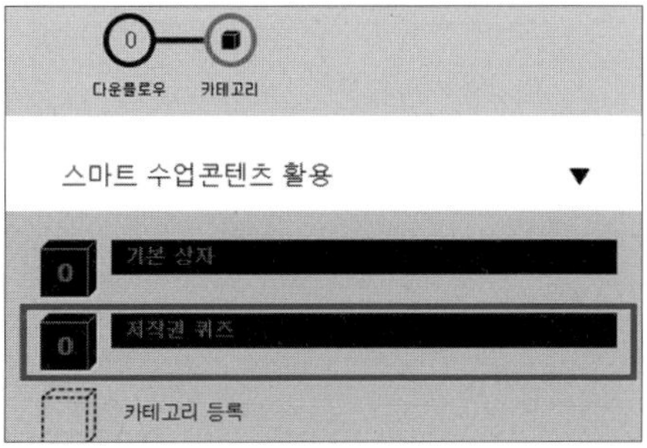

② 새로운 카테고리 이름을 입력하고 [확인] 버튼을 클릭한 후 등록된 '저작권 퀴즈' 카테고리를 클릭하여 들어간다.

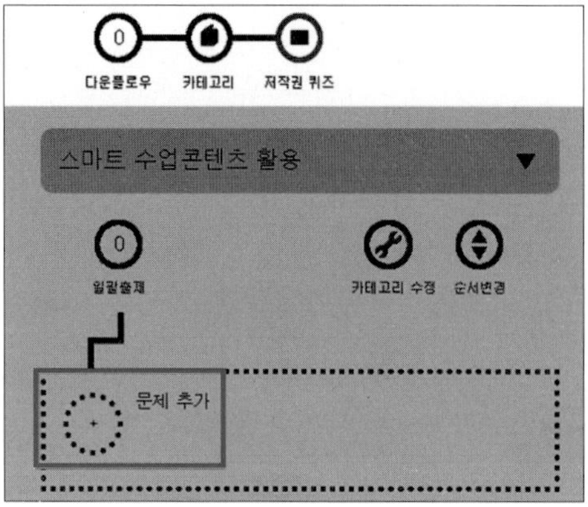

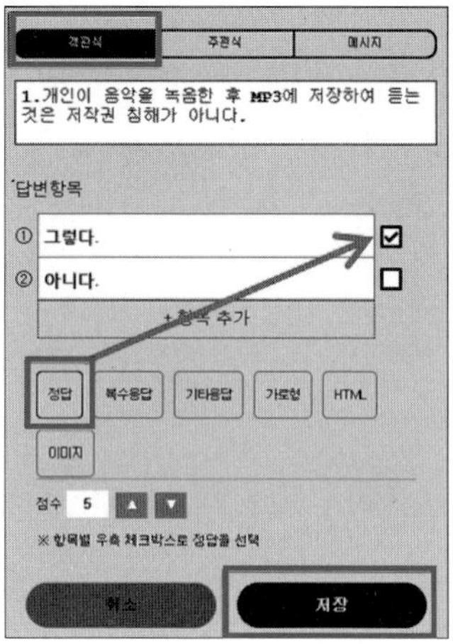

③ [문제 추가] 버튼을 클릭하여 '객관식' 문제를 출제한다.

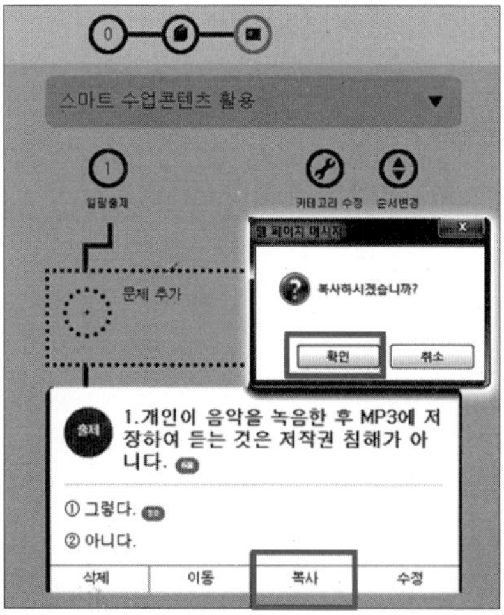

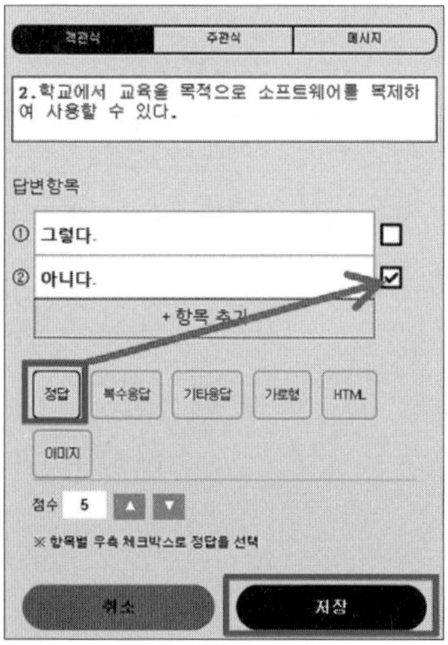

④ [복사] - [수정] 버튼을 클릭하여 추가 퀴즈 문제를 출제한다.

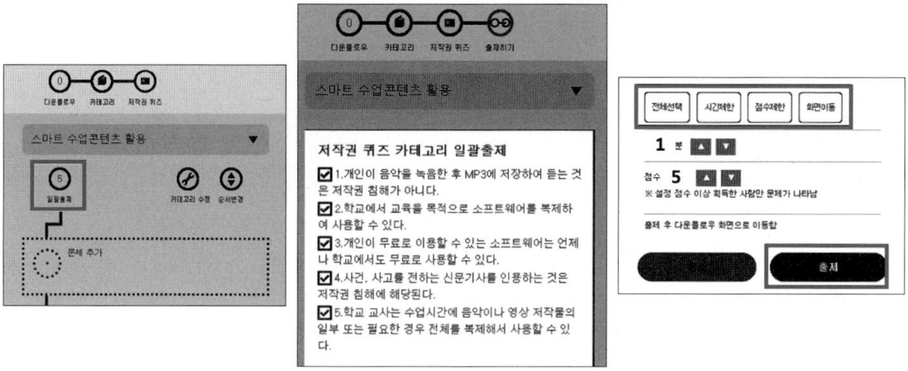

⑤ [일괄출제] 버튼을 클릭하여 문항을 선택하고, '시간/점수제한' 기능을 설정한 후 [출제] 버튼을 클릭한다.

⑥ 출제한 퀴즈 보기를 위해서는 http://본인아이디.symflow.com/p를 입력하면 QR코드가 보이고, 스마트폰으로 이 QR코드를 읽으면 퀴즈를 풀 수 있다. 일반 PC에서도 프레젠테이션 URL 주소를 입력하면 퀴즈를 풀 수 있다.

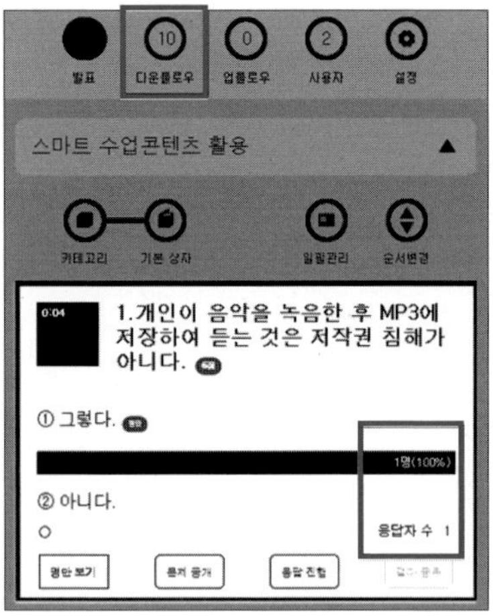

⑦ 관리자 모드의 [다운플로우] 메뉴를 클릭하면 응답현황을 확인할 수 있다.

Tip 선행학습퀴즈 예시

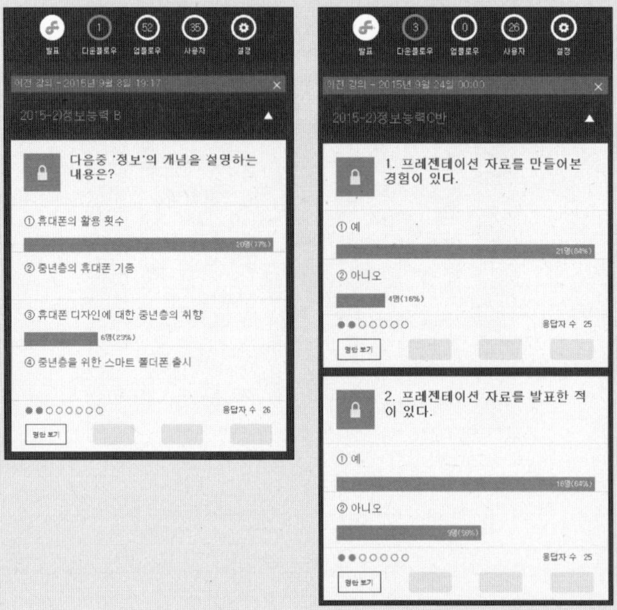

2. 토론 및 발표수업 진행하기

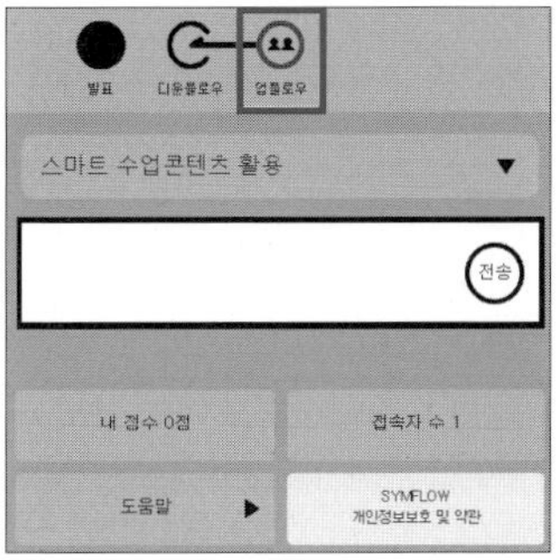

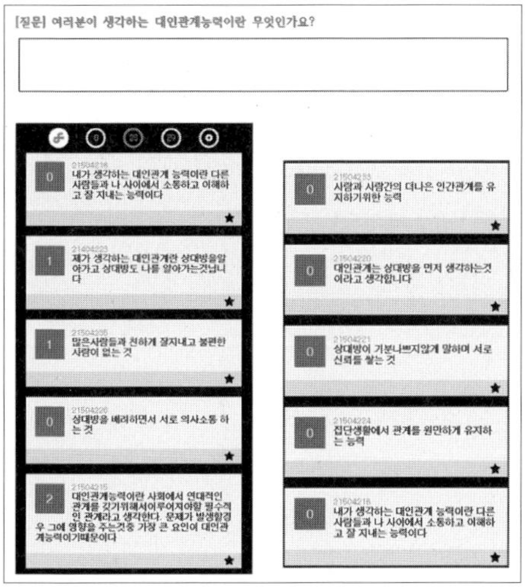

① [업플로우] 메뉴를 이용하면 학습질문에 대한 답변 또는 자유 의견을 작성할 수 있다. 본인이 작성한 글을 제외하고 다른 게시글에 대한 '추천'을 할 수 있는데 추천한 게시글은 추천수에 따라 정렬되어 표시된다.

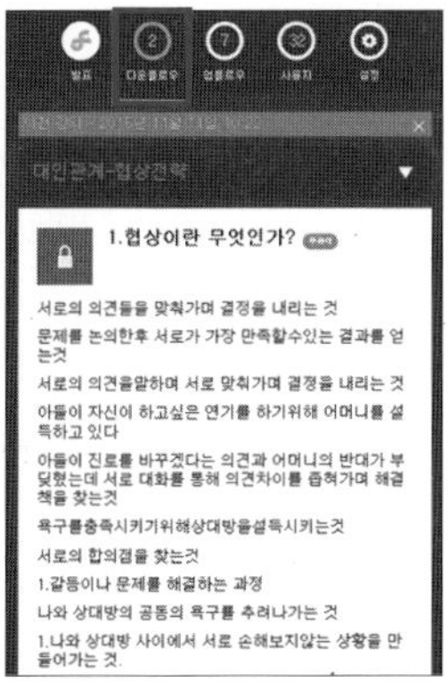

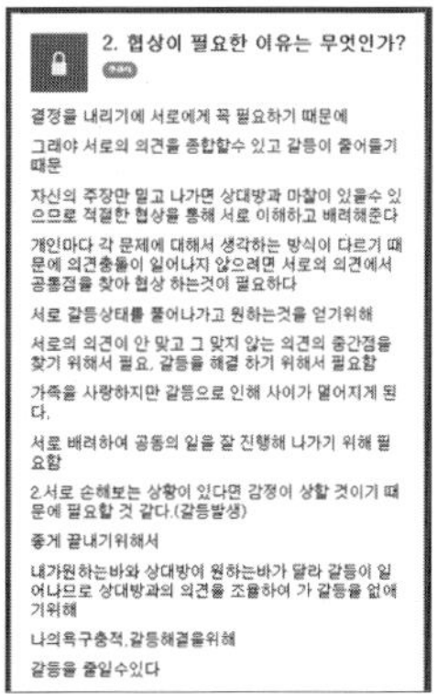

② [발표] 메뉴에서 수업관련 영상을 시청한 후 [다운플로우]에서 주관식 문제에 응답하는 방법으로 토론 및 발표수업을 진행할 수 있다.

3. 플립러닝 과제 수행하기

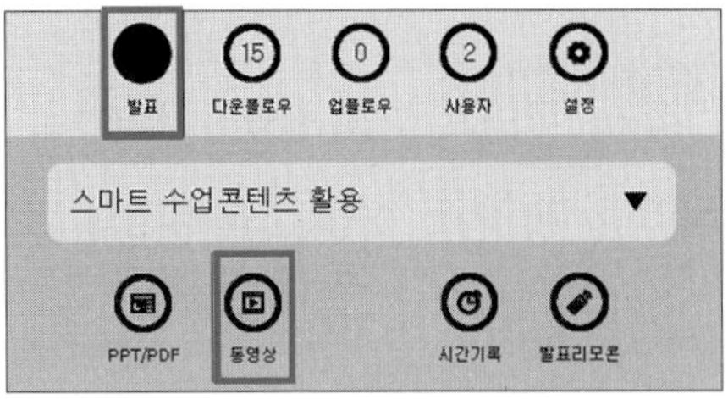

① [발표] – [동영상] 메뉴를 클릭하여 유튜브 사이트에서 검색한 동영상 주소를 붙여넣기하고 [확인] 버튼을 클릭한다.

[플립러닝 과제안내 예시]

[2015-2]컴퓨터교육론 6주차) 멀티미디어 리터러시와 정보교육

3. 정보교육의 교수학습방법

[개별 토론] 아래의 URL주소로 접속하여 학습자료를 살펴본 후 질문에 답하시오.

http://verysnow.symflow.com

SYMFLOW

1) 모바일 웹 또는 PC에서 http://verysnow.symflow.com 접속
2) 학번과 이름을 입력하고, 암호는 10 이다.
3) '발표' 메뉴 : 동영상을 시청한다.
4) '다운플로우' 메뉴 : 토론 질문에 응답한다.
①'교수학습'이란 무엇인가? ②'교수학습방법'은 왜 중요한가?
5) '업플로우' 메뉴: 기타 자유의견을 작성한다.

[플립러닝 활동 예시]

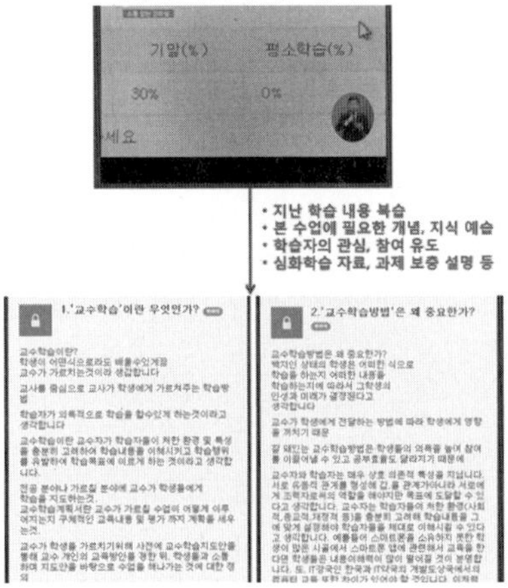

② 과제 수행을 위해 참여자 구분정보는 학번이나 이름을 입력한 후 [발표] 메뉴의 동영상을 시청하도록 한다.

③ 동영상 시청 후 [다운플로우] 메뉴에 있는 과제 문제에 응답하도록 설명한다.

④ 과제 문제 이외에 기타 질문이나 자유 의견은 [업플로우] 게시판에 글을 남기도록 지도한다.

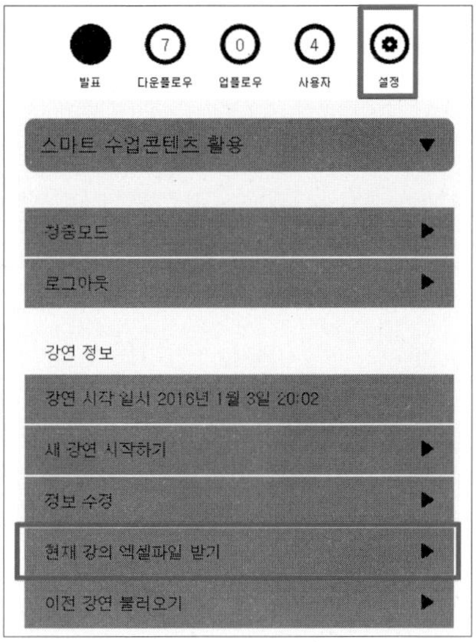

⑤ 학습자들이 응답한 과제 결과물은 관리자 모드로 접속해서 [설정] 메뉴로 들어간 후 [현재 강의 엑셀파일 받기]를 클릭하면 참여자 구분 정보순으로 과제 내용을 파일로 저장할 수 있다.

제3절 학습이해도 점검하기

1. 학습내용 점검하기

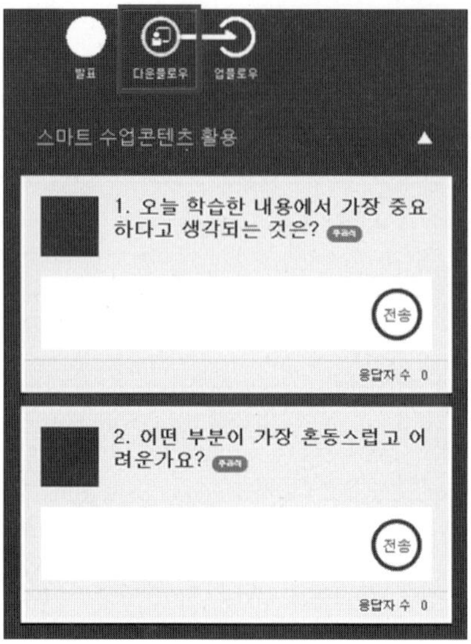

1분 강의퀴즈는 개강 초반부(3~4주차)에 활용할 수 있는 수업방법으로 학생들의 피드백과 동시에 출석 점검 용도로 활용할 수 있다. 또한 수업이 종료되기 직전에 학생들에게 익명으로 작성하게 한다면 강의평가용으로도 활용할 수 있다. 이때 첫 번째 질문은 이 시간에 배운 것 중에서 가장 중요하다고 생각되는 것은 무엇인지 답하는 것으로 학습 목표에 도달했는지 또는 수업의 내용을 이해했는지 점검할 수 있다. 두 번째 질문은 어떤 부분이 가장 혼동되고 어려운지에 답하는 것으로 다음 차시수업에서 보충설명 내지 심화학습이 가능하도록 수업준비를 할 수 있다.

만약 출석 점검이 주목적이라면 퀴즈를 5분 이내로 치를 수 있도록 구성하고 지난 시간에 배웠던 수업내용을 복습하거나 이번 시간의 수업내용과 관련된 퀴즈로 학습 내용의 연계성을 인지하게 하여 수업에 좀 더 집중할 수 있게 한다.

2. 중간강의평가 진단하기

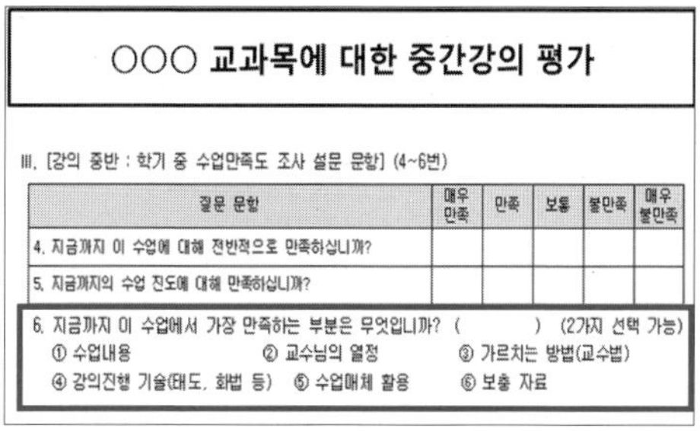

○○○ 교과목에 대한 중간강의 평가

Ⅲ. [강의 중반 : 학기 중 수업만족도 조사 설문 문항] (4~6번)

질문 문항	매우 만족	만족	보통	불만족	매우 불만족
4. 지금까지 이 수업에 대해 전반적으로 만족하십니까?					
5. 지금까지의 수업 진도에 대해 만족하십니까?					

6. 지금까지 이 수업에서 가장 만족하는 부분은 무엇입니까? (   ) (2가지 선택 가능)
① 수업내용 ② 교수님의 열정 ③ 가르치는 방법(교수법)
④ 강의진행 기술(태도, 화법 등) ⑤ 수업매체 활용 ⑥ 보충 자료

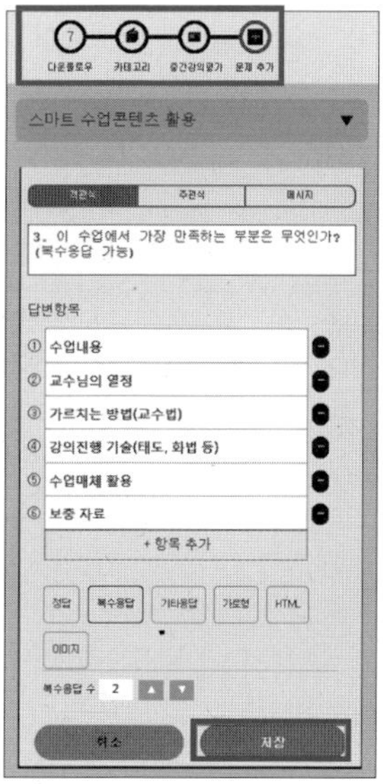

강의평가는 대개 학기말에 이루어지고 한두 달 후에나 그 결과를 알 수 있다. 학생들의 평가결과에 대한 피드백은 다음 학기에 수강하는 학생들을 위한 발전 지향적 목적을 띄고 있지만, 이왕이면 현재 수강하는 학생들의 강의 내용, 교수 방법, 강의진행과 관련된 피드백을 받고 개선한다면 더욱 효과적이지 않을까? 따라서 강의평가를 학기 중에 수시로 평가하고자 한다면 이 방법을 이용하면 유용하다. 중간고사 전후에 비공식적으로 수업과 관련된 질문을 약식으로 구성하여 수업 마무리 시간쯤에 실시하면 학기가 마무리되기 전에 더 나은 수업장면을 구성할 수 있다.

제1절 패들릿 협업도구 설치하기

1. 담벼락 생성 및 설정하기
2. 담벼락 주소 공유하기

제2절 패들릿 협업수업 활용하기

1. 만다라트 기법으로 팀 주제정하기
2. 브레인라이팅으로 생각 발표하기
3. PMI 기법으로 아이디어 토론하기

제 9 장

창의적 문제해결을 위한 스마트 협업

최근 학생들의 창의적 사고력과 문제해결력을 키우기 위한 교수방법 및 학습전략에 대한 탐색과 실천이 활발하게 이루어지고 있다. 만다라트 기법, 브레인라이팅, PMI, 육색모 기법 등이 창의적 사고를 도와주기 위해 고안된 대표적인 기법들이다. 이러한 활동들은 주로 팀학습의 형태로 이루어지기 때문에 적절한 학습환경을 준비하기 위한 시간과 공간, 노력이 요구된다. 반면, 스마트 환경에서는 특별한 공간이나 시간을 들이지 않고도 빠르게 실시간으로 이러한 활동들을 진행할 수 있다. 본 장에서는 패들릿(Padlet)을 통한 창의적 문제해결 기법을 소개하고자 한다. 패들릿은 작은 패드라는 의미로 '담벼락'이라는 온라인 페이지를 만든 뒤 여럿이 함께 담벼락 위에 이미지나 링크, 워드 문서, 동영상 등을 올려서 자료를 함께 공유할 수 있는 웹기반 협업 도구다. 패들릿은 자료 배열을 자유롭게 할 수 있어 훨씬 직관적으로 자료를 정리할 수 있기 때문에 온라인 칠판 대용으로 사용할 수 있고, 학습 정리를 하거나 다양한 의견이나 자료를 수집할 때 활용하면 좋다. 학습자들은 별도의 로그인 과정 없이 하나의 담벼락(웹 페이지)에 동시에 자료를 업로드할 수 있는 장점이 있는 반면, 화면이 복잡해지거나 일시에 학습자들이 몰릴 때는 자료가 사라질 수도 있다는 단점이 있다.

제1절 패들릿 협업도구 설치하기

1. 담벼락 생성 및 설정하기

패들릿(Padlet)을 이용하여 담벼락을 만들려면 먼저 회원가입을 해야 한다. 학습자들은 회원가입 없이 사용할 수 있지만 수업을 진행하는 교수자는 회원가입이 필요하다.

① 인터넷 주소창에 패들릿 사이트(http://padlet.com)를 입력하여 접속한 후 로그인 또는 회원가입을 진행한다.

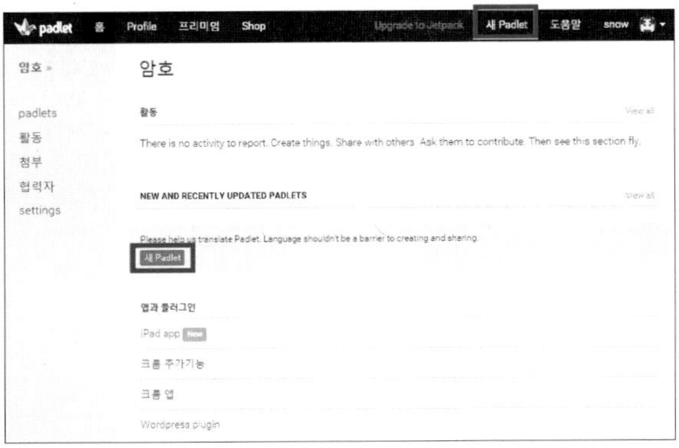

② 로그인 후 우측 상단에 있는 [새 Padlet] 메뉴를 클릭하여 담벼락을 생성한다.

2. 담벼락 주소 공유하기

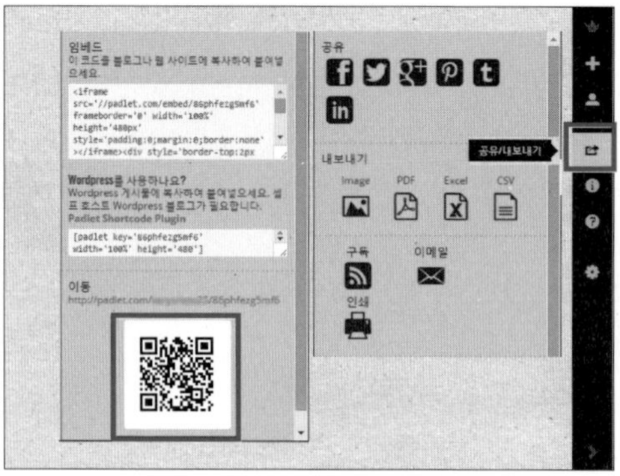

① 우측 메뉴바에서 공유/내보내기 아이콘( )을 클릭하면 블로그에 포함시킬 코드와 담벼락 URL 주소 및 QR코드를 확인할 수 있다.

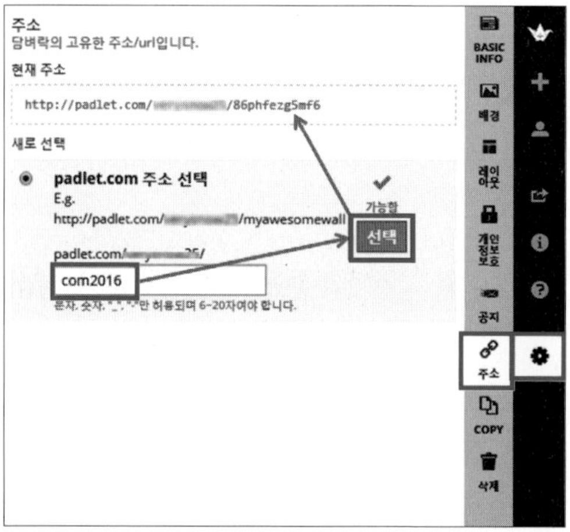

② 우측 메뉴바에서 이 담벼락 수정 아이콘( )을 클릭하여 [주소] 메뉴를 클릭하면 새로운 공유주소로 변경 등 생성된 벽에 대한 편집을 할 수 있다.

제2절 패들릿 협업수업 활용하기

1. 만다라트 기법으로 팀 주제 정하기

만다라트는 일본의 디자이너 이마이즈미 히로아키가 개발한 발상기법으로 manda+la+art가 결합된 용어인데, manda+la는 '목적을 달성한다'는 뜻이고 mandal+art는 '목적을 달성하는 기술', 그 툴을 의미한다.

만다라트를 통해 기획 아이디어를 창출하는 과정을 살펴보면, 먼저 사각형으로 이루어진 테이블을 그린다. 가운데 칸에 핵심주제를 써넣고 나머지 빈칸에 생각을 채워 넣는다.

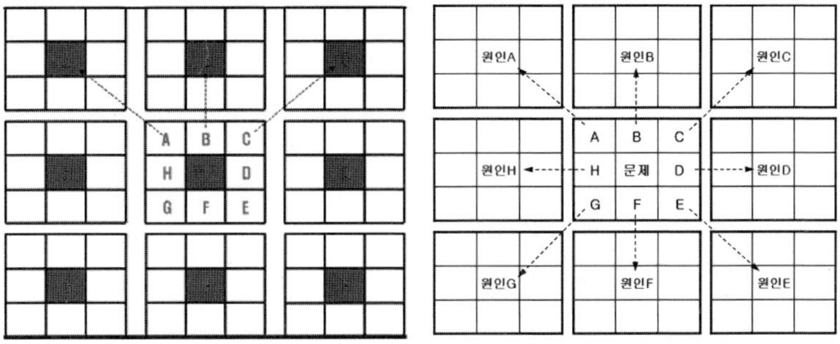

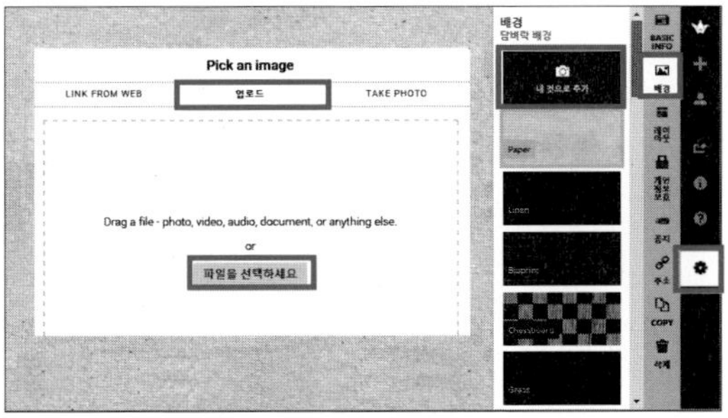

① 우측 메뉴바에서 이 담벼락 수정 아이콘(⚙)을 클릭하여 [배경] 메뉴를 클릭하면 담벼락 배경 이미지를 변경할 수 있다. 표 형식의 만다라트 배경 이미지를 추가하

여 팀별로 주어진 핵심주제를 확인한다.

이때, 만다라트 배경 이미지를 한글 프로그램에서 표 형식으로 문서를 작성한다. 그다음 [파일]–[다른이름으로 저장] 메뉴에서 파일 형식을 '*.jpg'로 저장하면 아래와 같이 만다라트 배경 이미지를 준비할 수 있다.

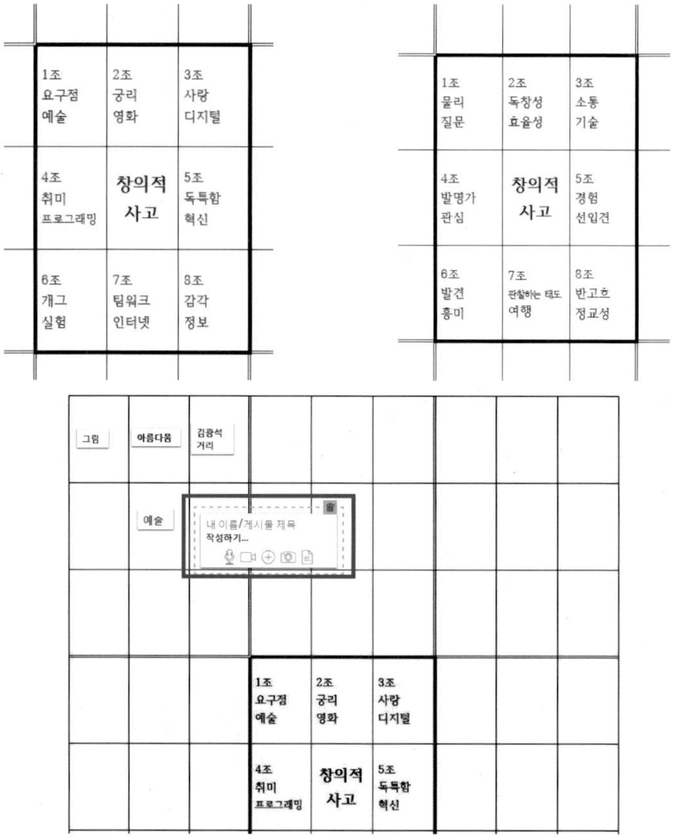
1조 요구점 예술
2조 궁리 영화
3조 사랑 디지털
4조 취미 프로그래밍
창의적 사고
5조 독특함 혁신
6조 개그 실험
7조 팀워크 인터넷
8조 감각 정보
1조 물리 질문
2조 독창성 효율성
3조 소통 기술
4조 발명가 관심
창의적 사고
5조 경험 선입견
6조 발견 흥미
7조 관찰하는 태도 여행
8조 반고흐 정교성
그림
아름다움
김광석 거리
예술
내 이름/게시물 제목
작성하기...
1조 요구점 예술
2조 궁리 영화
3조 사랑 디지털
4조 취미 프로그래밍
창의적 사고
5조 독특함 혁신

② 키워드를 추가하고자 하는 위치에서 더블클릭 또는 스마트폰에서 접속할 경우 더블 탭(더블 터치하기)하면 작성하기 창이 나타난다. [내이름/게시물 제목] 란에는 조원의 이름이나 하위 키워드 명을 입력할 수 있고, [작성하기…] 란에는 키워드에 대한 구체적인 내용이나 설명을 추가할 수 있다.

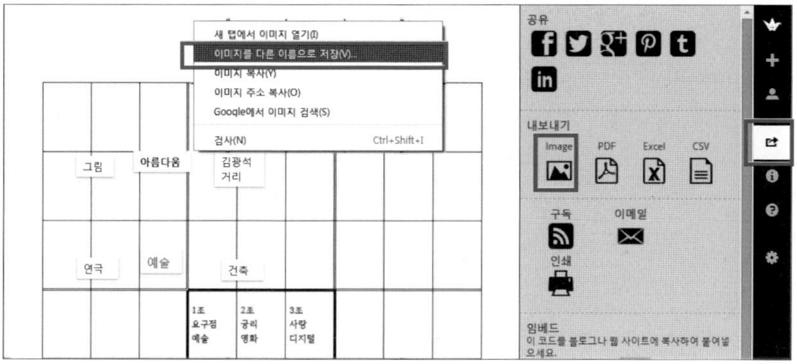

③ 만다라트 작성이 완료되면, 그 결과물을 이미지로 저장하여 공유할 수 있다. 오른쪽 메뉴바에서 공유/내보내기 아이콘(☐)을 클릭하고 [내보내기] - [Image] 버튼을 선택한다. 새로운 웹페이지에 패들릿 결과물이 보이면 마우스 오른쪽 버튼을 클릭하여 '이미지를 다른 이름으로 저장' 메뉴를 선택하고 파일을 저장하면 된다.

Tip 만다라트 주제정하기 활동지

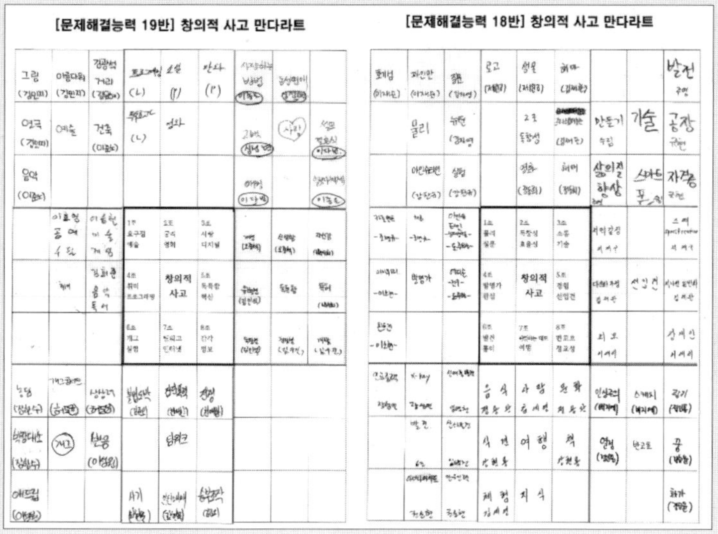

2. 브레인라이팅으로 생각 발표하기

브레인라이팅(Brain Writing) 기법은 1968년 독일에서 고안된 기법으로, 명칭에서 뜻하는 것처럼 의견을 말로 하는 것이 아니라 모두 침묵을 지키며 종이에 기록하는 아이디어 발상기법이다. 이 기법은 개인별로 충분히 생각할 시간을 주고, 서로의 아이디어에 자극을 주고받을 수 있다는 장점이 있다.

브레인라이팅을 이용한 생각 발표하기 방법은 다음과 같다. 먼저 교수자가 토론 주제를 담벼락에 제시한다. 다음으로 주제에 대해 배경지식을 공유하는 시간을 가진다. 모든 구성원이 주제에 대해 동일하게 이해했는지, 생각 발표하는 방법에 대해 아는지 확인한다. 개인 의견을 2~3개 정도 입력하고 담벼락에 생성된 활동판에 자신의 아이디어를 분류하여 이동한 후 그 의견에 대해 발표 및 경청한다.

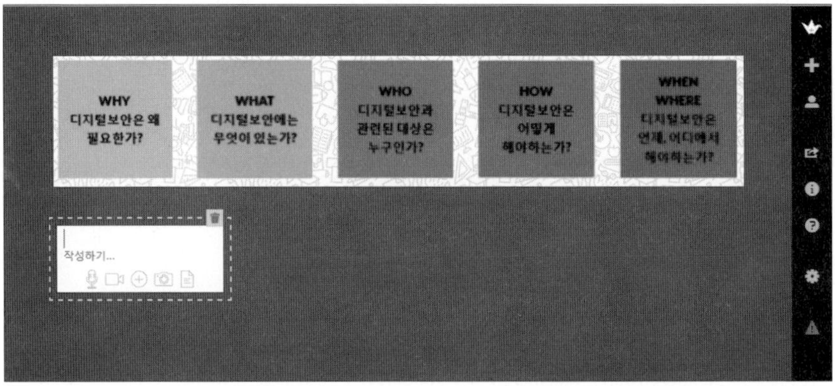

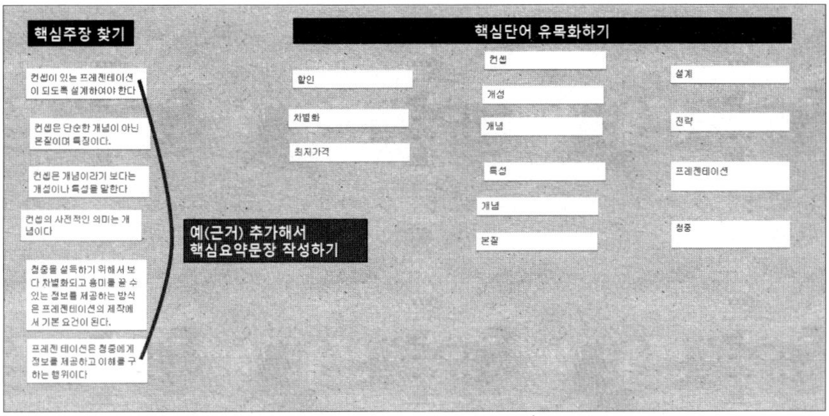

브레인라이팅을 이용한 학습자 의견과 교수자의 종합설명 예시

Tip 일반 강의실에서 브레인라이팅 생각 발표하기

① 접착식 메모지 1장에 본인이 생각하는 해당 주제에 대한 의견 하나를 적는다.
② 한 사람당 2~3장씩 의견을 적는다.
③ 각자 적은 의견을 모두 확인할 수 있는 벽 또는 칠판에 붙인다.
④ 팀별로 함께 붙여 놓은 의견들을 종류별로 분류한다(분류할 때는 같은 유형의 의견은 아래쪽으로, 다른 의견은 옆으로 붙인다).
⑤ 분류된 의견들의 가장 위쪽에 그 분류의 의견을 대표할 수 있는 의견의 제목을 적는다.

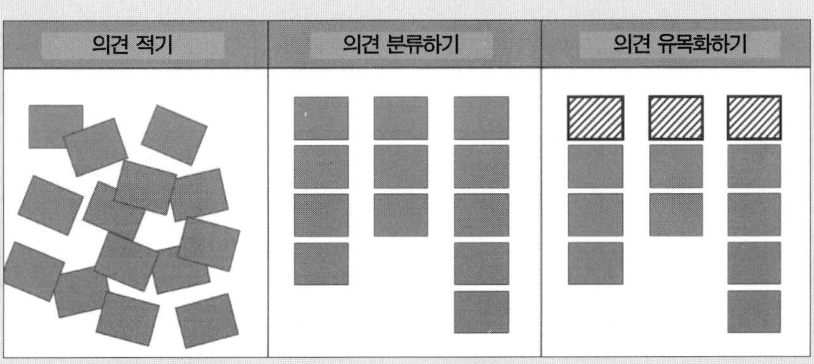

3. PMI 기법으로 아이디어 토론하기

PMI 기법은 보노(Edward de Bono, 1973)가 고안한 기법으로, 특정한 대상의 긍정적인 면과 부정적인 면을 각각 기록한 다음, 이들 각각에 대한 문제 해결자 나름대로의 판단에 의해 이익이 되는 점을 찾는 기법이다. PMI 기법은 제안된 아이디어의 장점(Plus), 단점(Minus) 그리고 흥미로운 점(Interesting)을 따져 본 후 그 아이디어를 평가하는 아주 간단하면서도 매우 효과적인 기법이다. 여기에서 주의할 점은 아이디어를 산출할 때, P, M, I를 철저히 분리해서 생각해야 한다는 것이다. 이 기법은 동시에 여러 가지 요인이 혼합되어 작용하는 사고의 상황에서 하나하나씩 단계를 거쳐 보다 냉철한 판단아래 사고를 전개시킬 수 있다는 이점을 가지고 있다.

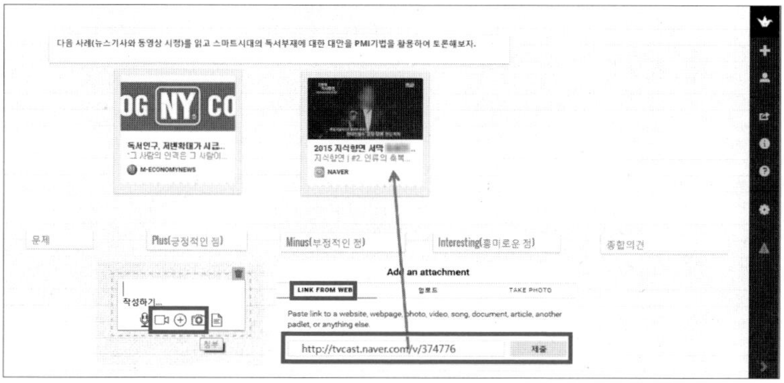

토론 주제에 대한 다양한 디지털 자원을 제공하기 위해 뉴스 기사나 동영상을 보여 주고자 할 경우에는 담벼락 페이지에서 더블클릭하여 [작성하기…] 아래에 있는 [첨부] 아이콘을 클릭한다. 'LINK FROM WEB'에서 기사 또는 동영상 URL 주소를 붙여넣기 하고 [제출] 버튼을 클릭하면 미리보기 화면과 함께 토론 관련 자료가 첨부된다.

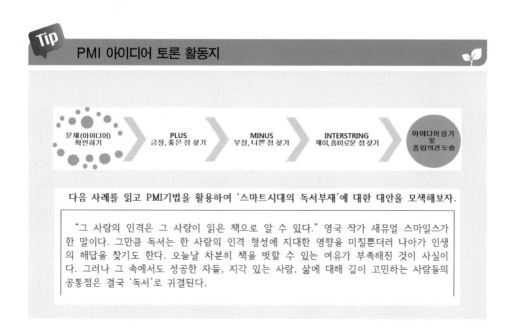

Tip PMI 아이디어 토론 활동지

다음 사례를 읽고 PMI기법을 활용하여 '스마트시대의 독서부재'에 대한 대안을 모색해보자.

"그 사람의 인격은 그 사람이 읽은 책으로 알 수 있다." 영국 작가 새뮤얼 스마일스가 한 말이다. 그만큼 독서는 한 사람의 인격 형성에 지대한 영향을 미칠뿐더러 나아가 인생의 해답을 찾기도 한다. 오늘날 차분히 책을 벗할 수 있는 여유가 부족해진 것이 사실이다. 그러나 그 속에서도 성공한 자들, 지각 있는 사람, 삶에 대해 깊이 고민하는 사람들의 공통점은 결국 '독서'로 귀결된다.

국민독서실태조사에 따르면 2013년 성인의 연평균 독서량은 9.2권이다. 지난 2007년 12.1권을 정점으로 지속적으로 감소하고 있다. 이어 작년 통계청이 발표한 <2014년 4/4 분기 및 연간 가계동향>에 따르면 2014년 소비자들의 가구당 도서 구입비는 1만 8천154원으로 역대 최저를 기록했다. 전년 1만8천690원 보다 2.9%(536원) 감소한 수치이다.

~~~〈 중략 〉~~~~~

출처) 독서인구, 저변확대가 시급하다(http://www.m-economynews.com/news/article.html?no=12335)

문 제	• 스마트폰의 시대가 오면서 다른 콘텐츠에 시선을 빼앗겨 독서량이 줄고 있다. • 독서를 하지 않고, 스마트폰의 사용이 늘어나면서 창의적 사고가 줄어들고 있다.
Plus (장점)	• 스마트폰으로도 독서를 할 수 있다. • 독서는 지식형성뿐 아니라 인격형성에도 도움을 준다. • 스마트폰으로 독서와 관련된 다양한 자료를 검색할 수 있다. • 스마트폰으로 언제 어디서든 편리하게 정보를 얻을 수 있다. • 스마트폰을 이용하면 책보다 빠른 정보를 얻을 수 있다.
Minus (단점)	• 스마트폰으로 본 정보는 기억에 오래 남지 않는다. • 책은 무겁기 때문에 가지고 다니기 불편하다. • 독서는 필요할 때 즉각 정보를 얻을 수 없다. • 스마트폰으로 독서를 하게 되면 눈이 피로하다. • 책을 읽으면 정보를 얻기에 오랜 시간이 걸린다. • 스마트폰으로 기사나 글을 읽을 때 광고 등으로 시선을 뺏기기 쉽다.
Interesting (흥미로운 점)	• 독서를 하게 되면 발표력과 글쓰기 능력을 키울 수 있다. • 독서를 하다가 궁금한 내용은 스마트폰으로 즉시 찾아볼 수 있다. • 스마트폰으로 책을 볼 수 있는 점이 흥미롭다. • 정보기술의 발달로 스마트폰이나 태블릿으로 e-북을 읽을 수 있다. • SNS를 통하여 책에 대한 댓글이나 의견을 공유할 수 있다. • 책을 읽으면 생각이 다양해지고 풍부해진다. • 스마트폰을 이용하면 관심있는 주제를 탐색하기 용이하다.
종합 의견	• 스마트폰으로 게임보다는 뉴스 정보, 책을 읽음으로써 사고력을 높이는 데 이용할 수 있다. • 스마트폰으로 e-북, 오디오북, 동영상 강의와 같은 다양한 종류의 콘텐츠를 이용하여 독서를 장려할 수 있다.
~~~

제1절 성적 입력하기

1. 학생명단시트에 성적평가요소 입력하기
2. 동일한 점수 한꺼번에 입력하기

제2절 성적 계산하기

1. 성적반영비율 적용하기
2. 성적 합계가 높은 순서대로 데이터 정렬하기

제3절 성적 등급 부여하기

1. 성적 등급별 학점 부여하기
2. 상대평가 누적비율 계산하기

제4절 성적 산출결과 인쇄하기

1. 성적 산출결과 일부분만 인쇄하기
2. 인쇄제목 설정하여 1페이지에 인쇄하기

제 10 장

성적처리를 위한 엑셀 활용

마이크로소프트사의 엑셀은 데이터 분석을 위한 대표적인 스프레드 시트 프로그램이다. 간단한 통계 자료 분석에서부터 차트와 그래프를 이용한 시각적인 표현이 가능하며, 한글 등 다른 응용 프로그램과의 호환이 용이하다. 또한 PC뿐만 아니라 다양한 스마트 기기에서 활용할 수 있다. 일반 교수자들의 경우, 엑셀은 주로 설문 자료 분석이나 성적 처리를 위해 활용한다. 간단한 몇 가지 팁과 함수를 활용하면 반복적인 작업을 간편하게 처리할 수 있으며, 한 번 문서를 작성해 두면 다음 학기에도 같은 서식을 사용해서 계속 만들 수 있는 장점이 있다.

이 장에서는 교수자들이 성적 처리를 위해 가장 많이 사용하게 되는 기능을 중심으로 엑셀의 활용 방법을 설명하고자 한다. 성적 자료 입력과 정렬, 합계, 평균, 석차, 피벗 테이블 작성 등의 기본적인 성적 처리 방법을 소개한다.

제1절 성적 입력하기

1. 학생명단시트에 성적평가요소 입력하기

	A	B	C	D	E	F	G	H
2	컴퓨터활용 성적산출							
3	학번	성명	출석 (20)	중간 (25)	기말 (25)	과제 (20)	퀴즈 (10)	합계 (100)
4	1001	김*리						
5	1002	이*현						
6	1003	최*연						
7	1004	홍*연						
8	1005	하*정						

① 강의계획서에 입력한 성적평가요소와 비율을 학생명단과 함께 입력한다.

② 이때 셀 하나에 2줄 이상의 데이터를 입력할 때에는 원하는 위치에 커서를 두고 [Alt+Enter] 키를 누르면 해당 셀 위치에서 다음 줄로 위치가 바뀌며 내용을 입력할 수 있다.

2. 동일한 점수 한꺼번에 입력하기

	A	B	C	D	E	F	G	H
2	컴퓨터활용 성적산출							
3	학번	성명	출석 (20)	중간 (25)	기말 (25)	과제 (20)	퀴즈 (10)	합계 (100)
4	1001	김*리				20		
5	1002	이*현				20		
6	1003	최*연				20		
7	1004	홍*연				20		
8	1005	하*정						
9	1006	이*수				20		
10	1007	김*희						
11	1008	이*로				20		
12	1009	최*희				20		
13	1010	김*경						

① 동일한 점수를 여러 셀에 한꺼번에 입력하려면 먼저, [Ctrl] 키를 누른 채 원하는 셀을 모두 선택한다.

② [Ctrl] 키는 해제하고 점수를 입력한다. 그러면 선택된 여러 셀 중 마지막에 선택된 하나의 셀에만 점수가 들어간다.

③ 마지막으로 [Ctrl+Enter] 키를 누르면 동시에 모든 셀에 데이터가 입력된다.

Tip 표의 첫 번째 행제목 고정시키기

틀 고정은 데이터의 양이 많은 엑셀 문서를 볼 때에 유용하다. 특히 수강생이 많은 과목의 출석부와 성적 데이터를 입력할 경우에 제목 행이나 열을 고정시켜두면, 좌우나 위아래로 스크롤을 이동하더라도 제목을 계속해서 볼 수 있어 작업이 용이하다. 고정시키고자 하는 행의 바로 아래셀, 또는 열의 바로 오른쪽 셀을 클릭하고 [보기]-[틀 고정] 메뉴를 선택하면 된다.

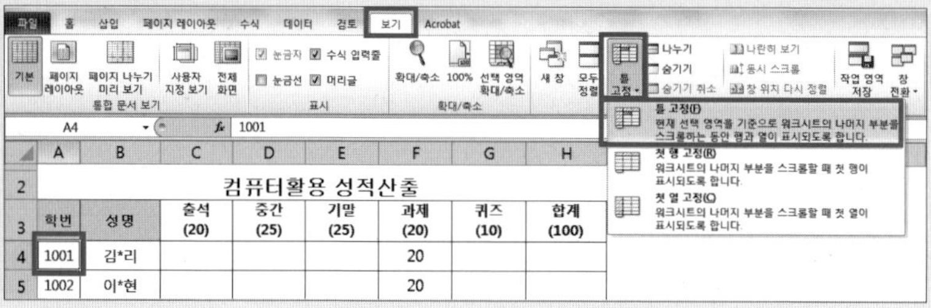

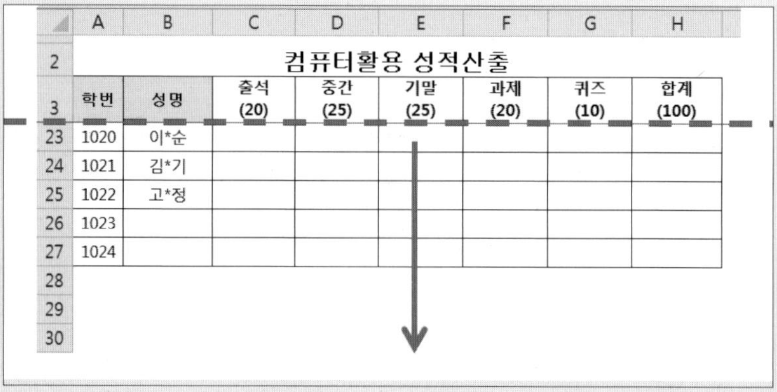

제2절 성적 계산하기

1. 성적반영비율 적용하기

보통 성적 처리를 할 때, 평가 항목별 반영비율이 다르고 입력된 점수의 만점 기준이 다른 경우가 있다. 예를 들면, 출석(20점), 과제(20점), 퀴즈(10점)는 원 점수 그대로 입력되어 있고, 중간고사(25%), 기말고사(25%)는 100점 만점 기준으로 입력된 경우일 때 합계를 계산하는 방법을 알아보자. 합계(100)를 계산하기 위해서는 출석, 과제, 퀴즈는 원 점수 그대로 두고 중간고사와 기말고사는 각 성적평가비율을 곱해서 합산하면 된다. 예를 들어 중간고사는 25%를 반영한다면 원 점수에 0.25를 곱하면 된다.

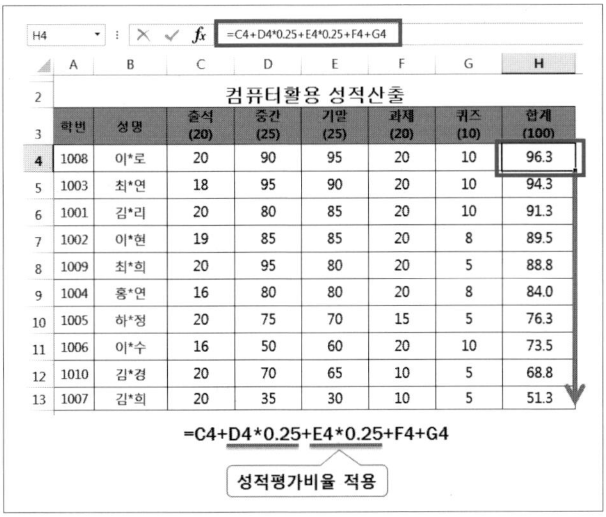

학번	성명	출석 (20)	중간 (25)	기말 (25)	과제 (20)	퀴즈 (10)	합계 (100)
1008	이*로	20	90	95	20	10	96.3
1003	최*연	18	95	90	20	10	94.3
1001	김*리	20	80	85	20	10	91.3
1002	이*현	19	85	85	20	8	89.5
1009	최*희	20	95	80	20	5	88.8
1004	홍*연	16	80	80	20	8	84.0
1005	하*정	20	75	70	15	5	76.3
1006	이*수	16	50	60	20	10	73.5
1010	김*경	20	70	65	10	5	68.8
1007	김*희	20	35	30	10	5	51.3

① [합계] 열의 첫 번째 셀(H4)을 선택하고 그림과 같이 수식(=C4+D4×0.25+E4×0.25+F4+G4)을 입력하면 첫 번째 학생의 합계가 계산된다.

② 첫 번째 합계 셀의 오른쪽 아래 모서리에 보이는 작은 점을 원하는 위치까지 아래로 당기면 나머지 학생들의 합계도 자동으로 계산된다.

2. 성적 합계가 높은 순서대로 데이터 정렬하기

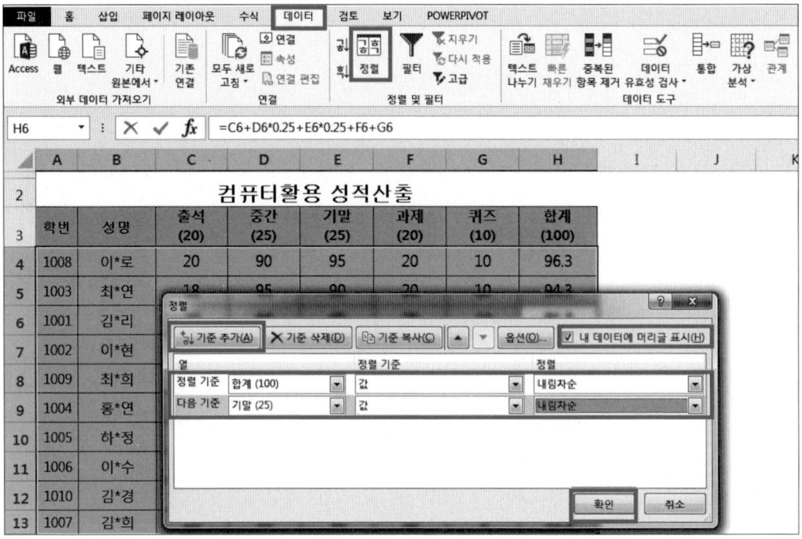

① 성적 합계가 높은 순서대로 데이터를 정렬하기 위해서는 먼저 정렬하고자 하는 표의 범위를 전체 선택한다.

② [데이터] – [정렬] 메뉴를 클릭한다.

③ [정렬] 대화 상자가 열리면 열 정렬 기준과 정렬 방법을 선택한다. 만약 열 기준 선택 시 표의 머리글행(제목행)이 보이지 않으면 '내 데이터에 머리글 표시' 옵션을 체크하면 된다.

④ 첫 번째 기준으로 '합계(100)'를 선택하고 정렬 기준은 '값', 정렬 방법은 '내림차순'을 선택한다. 내림차순은 점수가 높은 순서에서 낮은 순서대로 보여주는 방법이고, 오름차순은 학번순, 가나다순(이름순)과 같이 낮은 순서에서 높은 순서대로 보여주는 방법이다.

⑤ 만약 '합계(100)' 점수가 동일한 경우에는 [기준 추가] 버튼을 클릭하여 두 번째 정렬 기준인 '기말고사'가 높은 순서대로 정렬되도록 추가할 수 있다.

제3절 성적 등급 부여하기

1. 성적 등급별 학점 부여하기

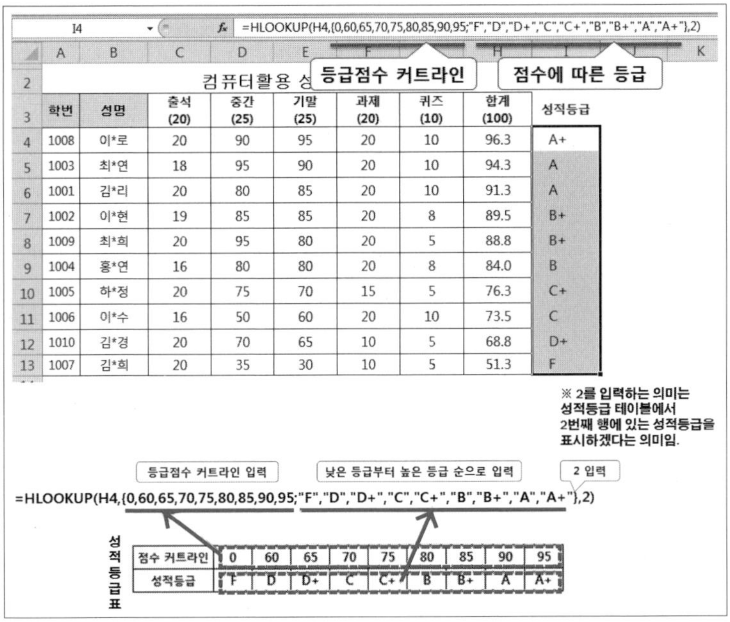

학번	성명	출석 (20)	중간 (25)	기말 (25)	과제 (20)	퀴즈 (10)	합계 (100)	성적등급
1008	이*로	20	90	95	20	10	96.3	A+
1003	최*연	18	95	90	20	10	94.3	A
1001	김*리	20	80	85	20	10	91.3	A
1002	이*현	19	85	85	20	8	89.5	B+
1009	최*희	20	95	80	20	5	88.8	B+
1004	홍*연	16	80	80	20	8	84.0	B
1005	하*정	20	75	70	15	5	76.3	C+
1006	이*수	16	50	60	20	10	73.5	C
1010	김*경	20	70	65	10	5	68.8	D+
1007	김*희	20	35	30	10	5	51.3	F

① 합계(출석, 중간, 기말, 과제, 퀴즈의 총합)를 기준으로 성적 등급을 계산하려면 먼저, 등급을 입력할 첫 번째 셀(I4)을 선택한 후 HLOOKUP 함수를 불러온다.

② 성적 등급의 일반적인 기준은 95점 이상은 A+, 94~90점은 A0, 89~85점은 B+, 84~80점은 B0 등을 주지만 교수자가 임의로 등급점수 커트라인 점수를 줄 수 있다. 예를 들면 90점 이상은 A+, 80 ~89점은 B+, 70 ~79점은 C+, 60 ~69점은 D+, 0 ~59점은 F 등급을 주고자 한다면 HLOOKUP 함수의 인수란에 다음과 같이 입력하면 된다.

```
=HLOOKUP(H4,{0,60,70,80,90;"F","D+","C+","B+","A+"},2)
```

HLOOKUP 함수는 배열의 첫 행을 찾아 표시된 셀의 값을 반환하는 엑셀 함수로, 테이블의 첫 행에 있는 값 또는 값의 배열을 검색한 다음 테이블이나 배열에서 지정한 행으로부터 같은 열에 있는 값을 반환한다.

> HLOOKUP(lookup_value, table_array, row_index_num, [range_lookup])
>
> HLOOKUP(찾을값, 참조영역[범위에 대한 참조나 범위 이름], 반환 값이 있는 참조영역의 행 번호, 정확하게 일치여부[TRUE OR FALSE])

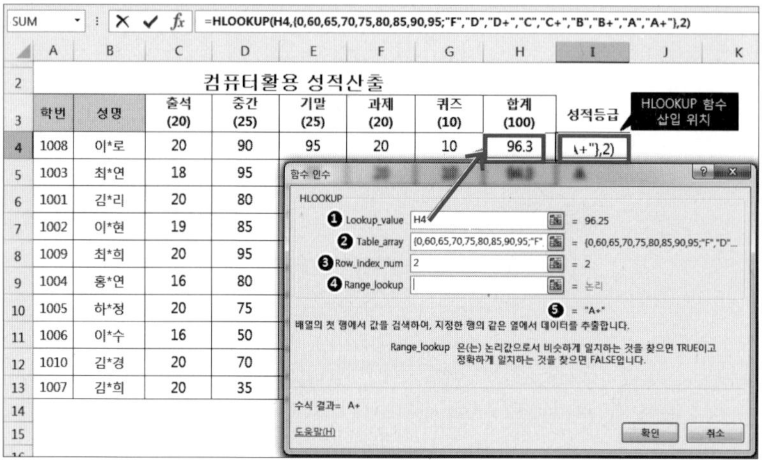

그림에서 현재 HLOOKUP 함수를 삽입한 셀(I4) 위치에서 성적 등급은 합계점수인 H4셀에 있는 값으로 판별해야 한다. 즉, ① Lookup_value는 성적 등급을 판별할 합계점수가 되고, ② Table_array는 참조영역의 테이블이나 참조범위에 해당하는 배열형태가 된다. 점수의 범위를 배열의 형태로 입력하기 위해서는 { } 중괄호 안에 점수 기준을 입력한다. ③ Row_index_num은 반환하려고 하는, 즉 성적등급이 들어있는 행 번호를 의미하는데 여기에서는 2번째 열에 있으므로 '2'를 입력한다. ④ Range_lookup은 찾고자 하는 값이 정확하게 일치하는지 여부를 판별하는 것으로, 여기에서는 인수값을 생략하거나 'TRUE'를 입력함으로써 비슷하게 일치하는 값을 찾는 것으로 설정한다. 왜냐하면 95점일 경우 A+이지만, 96.3점일 경우에도 A+이므로 정확하게 일치하는 값을 찾는다면 성적등급 계산에서 원하는 결과를 얻을 수 없다. ⑤ 마지막으로 수식결과 값이 나오는지 확인한다. 만약 결과값이 표시되지 않거나 #N/A, #REF! 등으로 표시되면 함수인수 입력과정에서 수식오류가 발생한 것이다.

2. 상대평가 누적비율 계산하기

피벗 테이블은 선택한 표 또는 범위에 대한 데이터의 통계를 한눈에 파악할 수 있도록 분석 · 요약해주는 대화형 표다. 지금까지 산출한 합계와 성적 등급 결과를 이용하여 성적 등급별 인원과 등급누적비율을 피벗 테이블로 만드는 방법을 살펴본다.

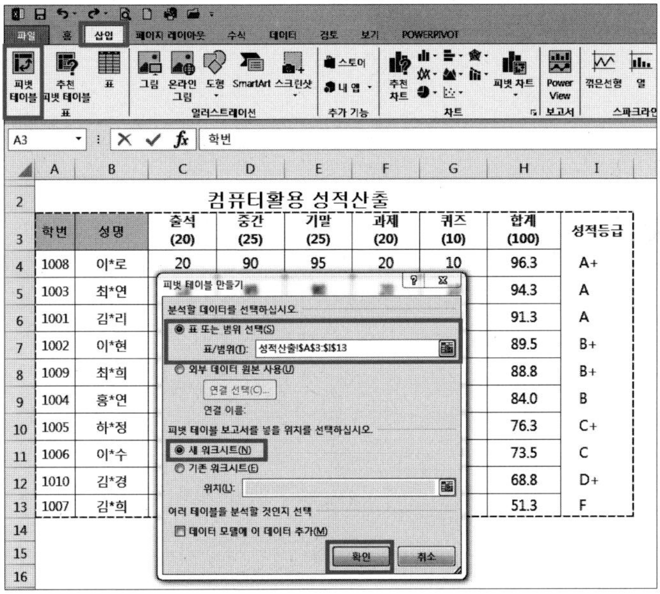

① 분석할 데이터인 표의 전체범위를 선택하고 [삽입] – [피벗 테이블] 메뉴를 클릭하여 피벗 테이블의 범위 선택과 결과가 표시될 위치를 선택한 후 [확인] 버튼을 클릭한다.

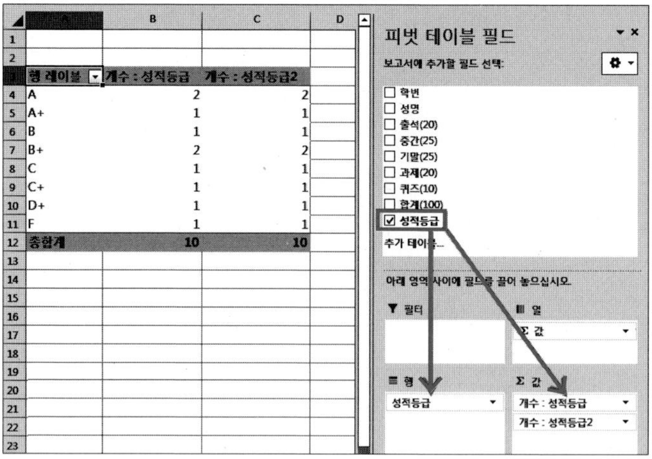

② 보고서에 추가할 필드 중 '성적 등급'을 선택하여 [행 레이블] 영역에 드래그해서 끌어 놓는다. Σ 값에는 '성적 등급' 필드를 두 번 연속해서 드래그해서 끌어 놓는다.

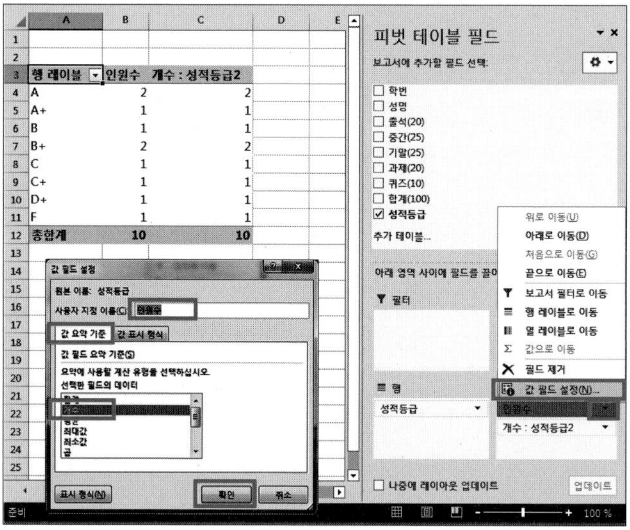

③ 피벗 테이블의 데이터 값의 정확한 집계결과를 보여주기 위하여 Σ 값에 있는 '성적 등급' 필드의 ▼ 버튼을 클릭하여 [값 필드 설정] 메뉴를 선택한다.

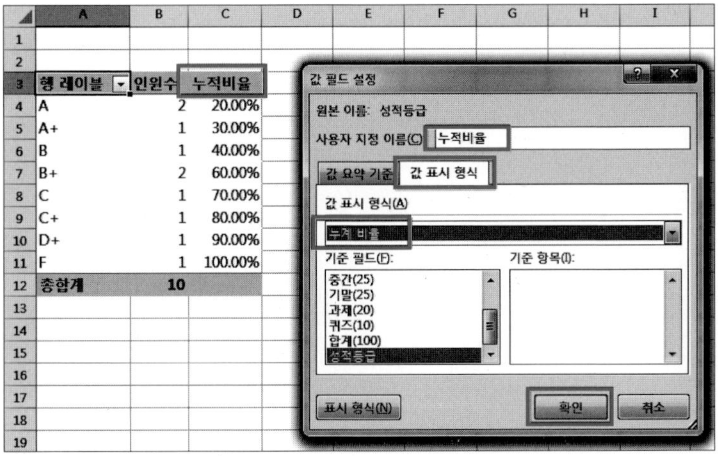

④ [값 필드 설정] 창에서 [값 요약 기준] 탭의 목록창에 보이는 계산 유형을 선택한다. 이때 성적등급은 등급별로 몇 명인지 파악해야 함으로 계산유형을 '개수'로 선택하면 된다.

⑤ Σ 값에 있는 또 다른 '성적 등급' 필드의 ▼ 버튼을 클릭하여 [값 필드 설정] 메뉴를 선택한다. [값 필드 설정] 창에서 [값 요약 기준] 탭의 목록창에 보이는 계산 유형을 '개수'로 선택하고, [값 표시 형식] 탭에서 '누계 비율'을 선택하면 등급누적비율 결과가 백분율(%) 형태로 나타난다.

제4절 성적 산출결과 인쇄하기

1. 성적 산출결과 일부분만 인쇄하기

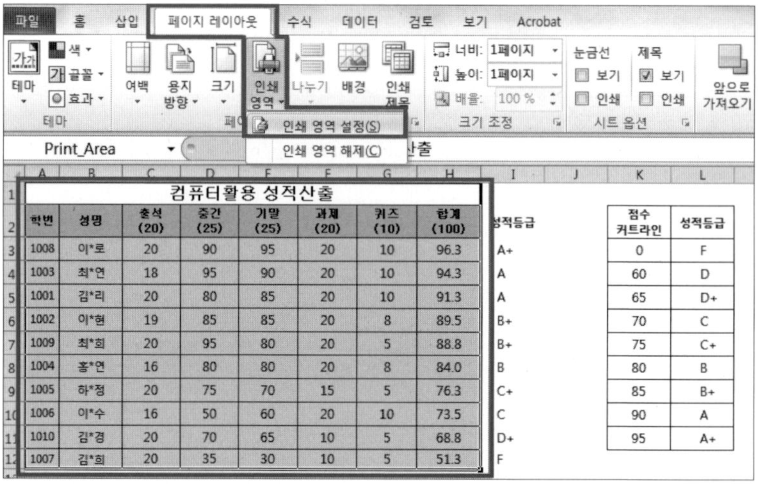

① 인쇄할 부분의 영역을 블록지정한다.

② [페이지 레이아웃] – [인쇄 영역] – [인쇄 영역 설정] 메뉴를 클릭한다.

③ [파일] – [인쇄] 또는 [Ctrl+P] 단축키를 눌러 인쇄 미리보기에서 인쇄 영역 결과를 확인한다.

2. 인쇄제목 설정하여 1페이지에 인쇄하기

인쇄제목이란 표의 제목 또는 머리글 행을 의미하는데 여러 페이지에 걸쳐서 인쇄하는 경우 특정 행이나 열의 내용이 계속해서 보이도록 지정할 수 있다.

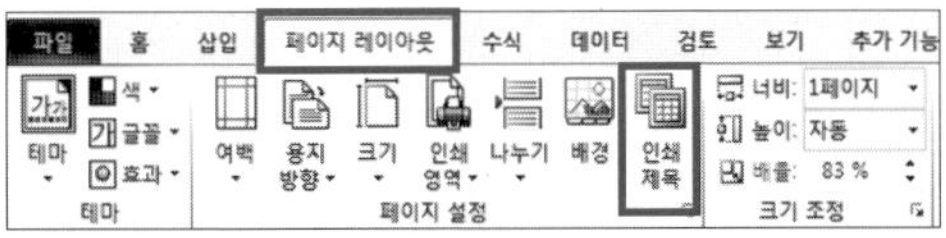

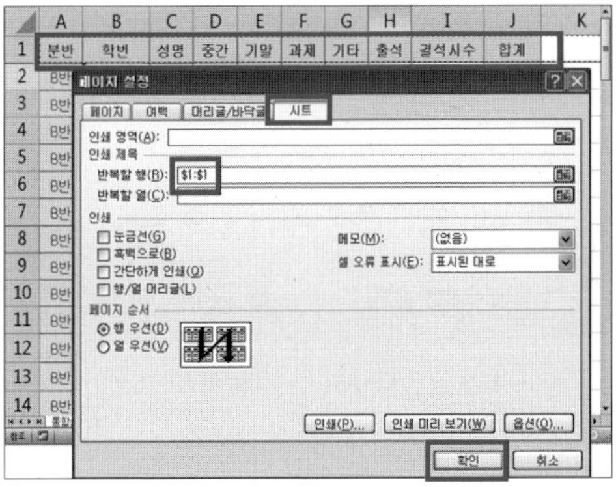

① 인쇄 제목을 설정할 시트에서 [페이지 레이아웃] – [인쇄 제목] 메뉴를 클릭한다.

② [페이지 설정] 창에서 [시트] 탭의 인쇄 제목에 '반복할 행' 또는 '반복할 열'의 입력 칸에 반복할 행 또는 열을 해당시트에서 드래그해서 설정하고 [확인] 버튼을 클릭한다.

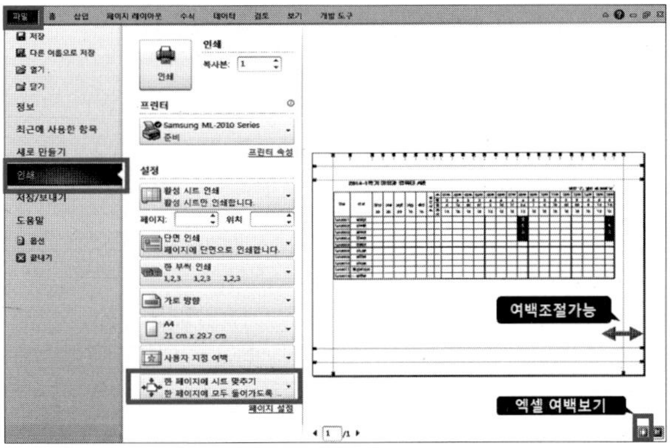

③ [파일] – [인쇄] 메뉴를 클릭하여 페이지 설정을 '한 페이지에 시트 맞추기'로 선택하면 인쇄 미리보기 화면과 같이 1페이지에 인쇄가 가능하다. 또는 가로(행)만 한 페이지에 인쇄되도록 하려면 '한 페이지에 모든 행 맞추기'로 설정하면 된다.

제11장

감각적인 프레젠테이션을 위한 인포그래픽 활용

인포그래픽(Infographics)은 인포메이션 그래픽(Information graphics)의 줄임말로, 정보, 데이터, 지식을 보다 단순하고 쉽게 표현함으로써 흥미를 유발하고, 정보 습득 시간을 줄이며, 기억을 오래 유지하게 한다. 스마트 기기의 교육적 활용이 보편화되면서 작은 화면에서도 빠르고 쉽게 학습 콘텐츠를 전달할 수 있는 인포그래픽 기술에 대한 관심이 높아지고 있다.

이 장에서는 파워포인트 프레젠테이션 자료 개발을 위해 활용할 수 있는 인포그래픽 기법을 소개하고자 한다. 단순한 픽토그램 이미지와 무료로 사용할 수 있는 글꼴을 검색하고 설치하는 방법과, 불필요한 배경 이미지를 삭제하고 각종 통계 자료를 보여주는 차트 인포그래픽을 제작하는 방법을 다룬다.

제1절 인포그래픽 제작 준비하기

1. 픽토그램 이미지 구하기

언어를 넘어서 정보를 전달하는 방법 중 하나가 그림(이미지)이다. 그 중 픽토그램(pictogram)은 '그림(picture)'과 '전보(telegram)'의 합성어로, 국제적인 행사 등에서의 사용을 목적으로 제작된 그림문자이자 언어를 초월해서 직감으로 이해할 수 있도록 표현된 그래픽 심벌(symbol)을 말한다. 픽토그램은 의미하는 내용을 상징적으로 시각화하여 모든 사람이 즉각적으로 이해할 수 있도록 해주며, 단순하고 의미가 명료하다는 특징이 있다. 이와 같은 그림언어를 사용하여 파워포인트 자료를 작성하면 텍스트로만 설명하는 것보다 전달력을 높일 수 있다.

(1) 더 나은 프로젝트(http://thenounproject.com)

더 나은 프로젝트(Thenounproject) 사이트는 다양한 디자이너들이 제작한 픽토그램을 확인할 수 있는 사이트다. 하나의 주제로 다양하고 자세한 픽토그램 이미지들이 나열되어 있어 사용자가 활용할 수 있는 이미지의 폭도 크다. 사이트 이용과 다운로드는 무료이지만 픽토그램의 용도와 디자이너의 요청에 따라 저작권 범위가 다를 수 있다.

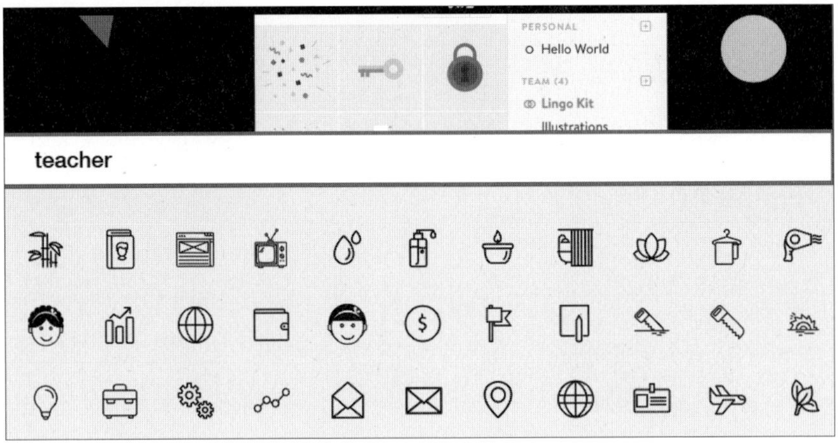

① 검색창에 검색어(예: teacher)를 입력하고 [Enter] 키를 누른다.

② 검색된 픽토그램 중에 원하는 픽토그램을 클릭한다.

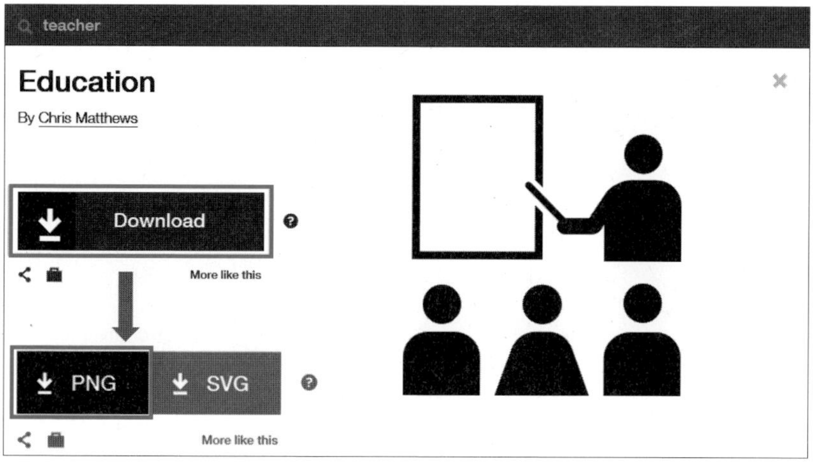

③ 화면 왼쪽의 [Download] 버튼을 클릭하고 [PNG] 버튼을 클릭한다.

④ 이메일 또는 페이스북 회원가입으로 로그인한 후 용도에 따라 저작권 비용을 지불하거나 무료로 다운로드하면 된다.

(2) 아이콘파인더(http://www.iconfinder.com)

아이콘파인더(Iconfinder) 사이트는 저작권 무료 아이콘 사이트로, 배경이 투명한 png 파일로 저장할 수 있기 때문에 별도로 이미지를 불러와 배경 제거를 하지 않아도 된다는 장점이 있다. 특히 저작권 형식(License type)에서 저작권 제한이 없는 무료 이미지를 검색할 수 있는 점도 유용하다.

① 검색창에 검색어(예: student)를 입력하고 [Enter] 키를 클릭한다.

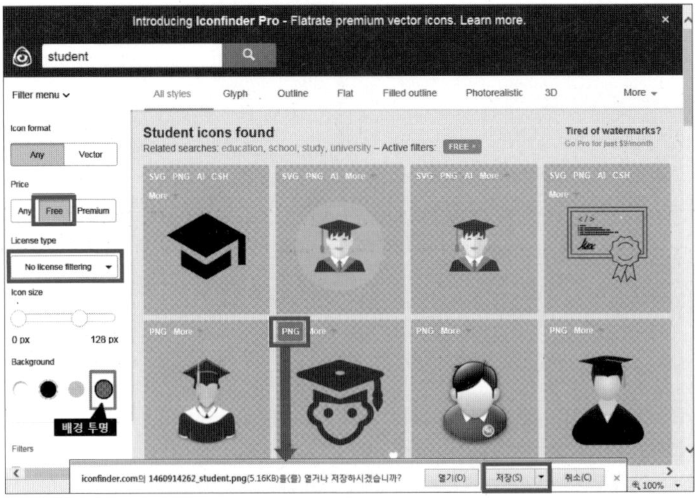

② 화면 좌측의 필터 메뉴에서 'Price: Free' 메뉴를 선택하여 무료로 다운로드 할 수 있는 이미지만 검색하도록 설정하고, 'Background: Transparent[배경: 투명하게]' 메뉴를 선택하면 배경이 투명하고 무료로 다운받을 수 있는 픽토그램만 검색된다. 이때 저작권 형식(License type)에서 'No license filtering' 메뉴를 선택하여 저작권에 문제가 없는 이미지만 검색할 수 있다.

③ 원하는 픽토그램 이미지 상단의 [PNG] 버튼을 클릭하여 저장한다.

(3) 플랫아이콘(http://www.flaticon.com)

플랫아이콘(Flaticon) 사이트는 많은 종류의 아이콘 디자인이 무료로 제공되며 주제별 혹은 인기도에 따라 살펴볼 수 있다.

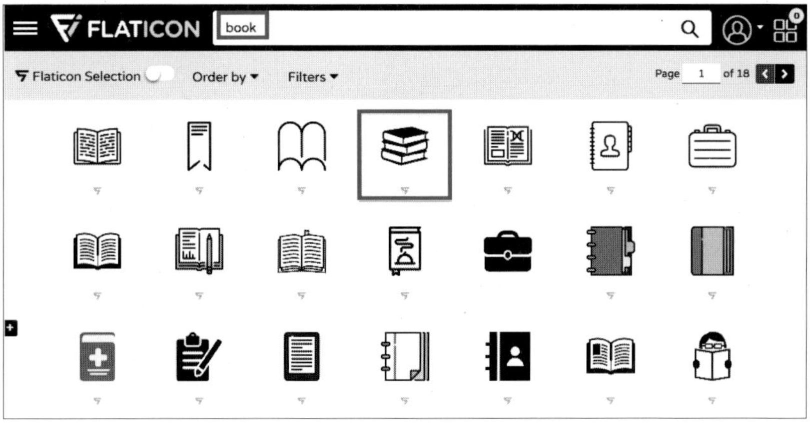

① 검색창에 검색어(예: book)를 입력하고 [Enter] 키를 누른다.

② 검색된 픽토그램 중에 원하는 픽토그램을 클릭한다.

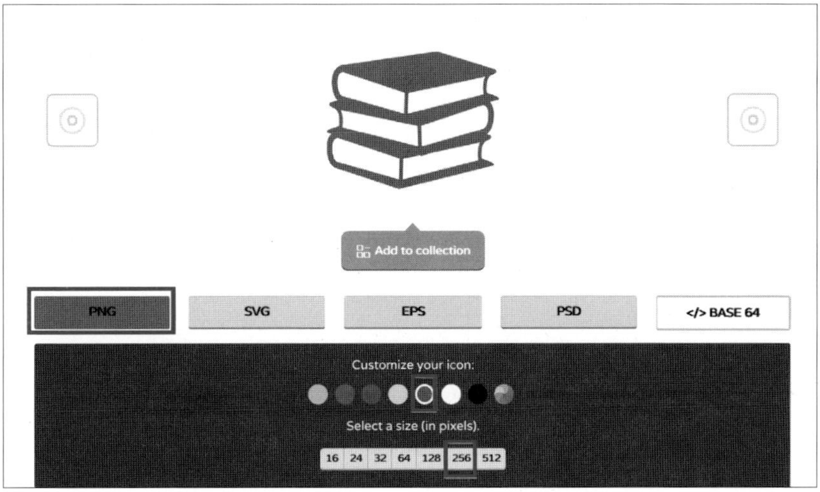

③ 원하는 픽토그램 이미지 화면 아래쪽의 [PNG] 버튼을 클릭한다.

④ 선택한 픽토그램의 색상과 크기를 선택하면 저작권 관련 유의사항 메시지와 함께 다운로드할 수 있다.

2. 무료 글꼴 설치하기

글꼴은 인쇄물 형태의 문서용인지, 혹은 스마트폰이나 빔프로젝트로 보여지는 발표 자료용인지에 따라 글꼴의 선택이 달라진다. 글꼴은 크게 두 가지로 나뉘는데, 명조체와 고딕체가 바로 그것이다. 명조체(세리프체)는 책이나 신문 등 인쇄물에 많이 사용되고, 고딕체(산스 세리프체)는 스마트폰이나 모니터 등과 같은 화면에서 작업할 때 가독성이 높은 글꼴로 이용된다.

명조체　　고딕체

프레젠테이션 자료를 디자인할 때 일반적으로 고딕체와 같은 무조건 굵고 큰 서체가 정답이던 시절이 있었다. 그러나 최근에는 슬라이드 테마와 그래픽의 전체적인 분위기 등을 고려하여 세련되고 깔끔하게 보여주기 위해 다양한 글꼴이 이용되고 있다. 서체 활용에 있어 주의할 점은 글꼴에도 저작권이 있으므로 저작권자의 허락 없이 무단으로 다운로드해 이용하는 것은 저작권 침해행위가 될 수 있다는 점이다. 또한 보고서를 제작할 당시 사용했던 글꼴이 다른 PC에 설치되어 있지 않은 경우에는 그 문서를 열고 텍스트를 수정하고자 할 때 다른 글꼴로 대체될 수 있다. 글꼴이 깨지지 않기 위해서는 [읽기 전용]으로 문서를 열거나 해당 글꼴을 설치한 후 문서를 열면 된다.

(1) 네이버 나눔글꼴(http://hangeul.naver.com/2016/nanum)

네이버에서 무료로 배포하는 글꼴로 개인 및 기업 사용자를 포함한 모든 사용자에게 무료로 제공하고 있다.

(2) 한마음체(http://www.kbiz.or.kr/user/nd98015.do)

중소기업중앙회에서 무료 배포하는 글꼴로 중소기업, 중소기업, 협동조합 등 누구나 무료로 다운로드하여 사용할 수 있다. 영상매체, 인쇄매체 웹 모바일 등 다양한 매체에 사용이 가능하다.

(3) 서울서체(http://www.seoul.go.kr/v2012/seoul/symbol/font.html)

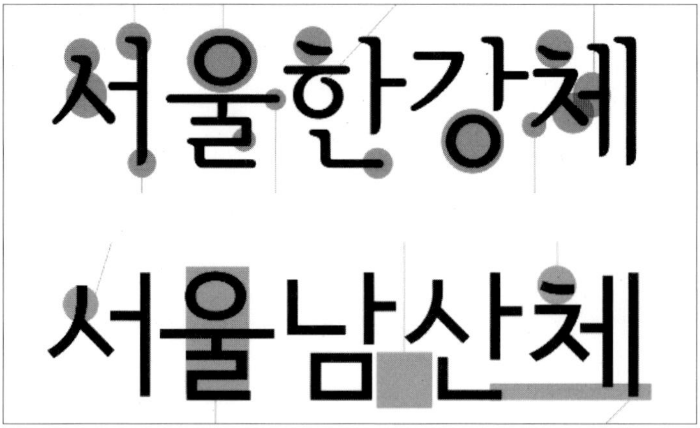

서울시에서 무료 배포하는 글꼴로 누구나 무료로 다운로드하여 사용할 수 있다. 특별한 허가 절차 없이 사용가능하며 영상물, 인쇄물 등 다양한 매체 제작에 사용이 가능하다.

(4) 네이버자료실-무료폰트

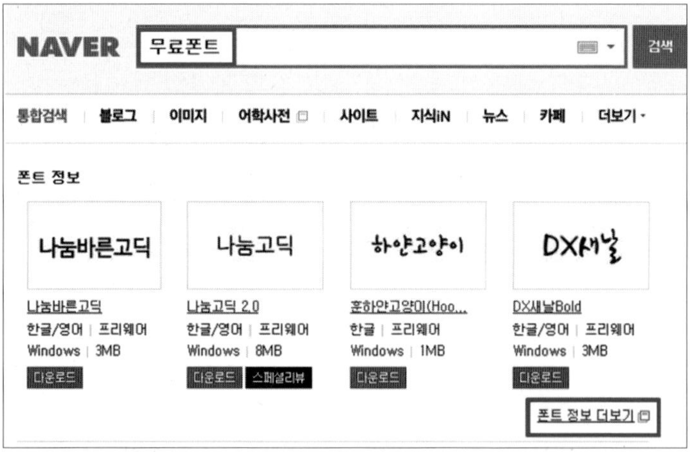

① 앞서 소개한 글꼴사이트 이외에 다양한 무료 글꼴을 이용하고자 할 경우, 네이

버에서 '무료폰트'로 검색한 후 [폰트 정보 더보기] 메뉴를 클릭한다.

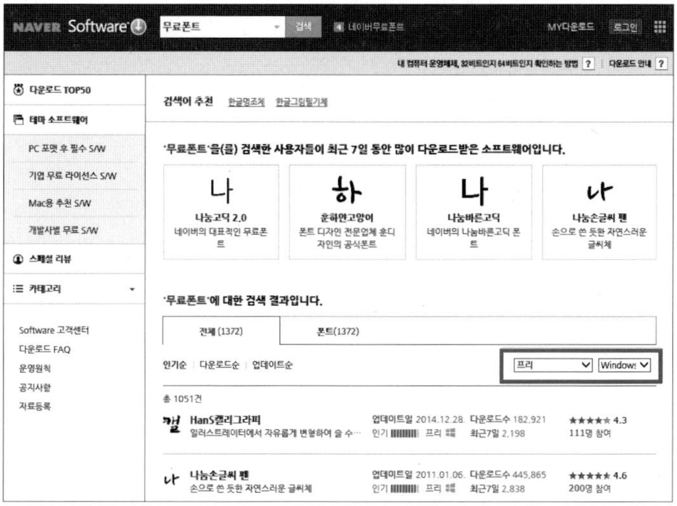

② '무료폰트'에 대한 검색 결과창에서 라이센스를 '프리'로 선택하고 운영체제를 'Windows'로 선택하면 인기순으로 무료 글꼴이 검색된다.

③ 원하는 글꼴을 클릭하고 사용범위가 프리웨어인지, 개인 또는 기업에서도 사용 가능한지 확인한 후 [다운로드] 버튼을 클릭하여 저장한다.

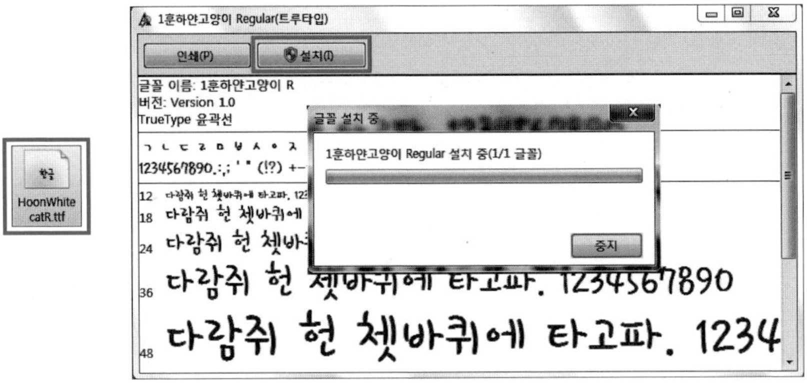

④ 다운받은 글꼴 파일(*.ttf)을 더블클릭하여 [설치] 버튼을 클릭하고 글꼴을 설치한다. 글꼴 설치가 완료되면 응용프로그램(예: 워드, 파워포인트, 엑셀 등)을 열고 해당 글꼴이 목록에 있는지 확인한 후 사용하면 된다.

3. 픽토그램 이미지 만들기

(1) 파워포인트에서 사진배경 제거하기

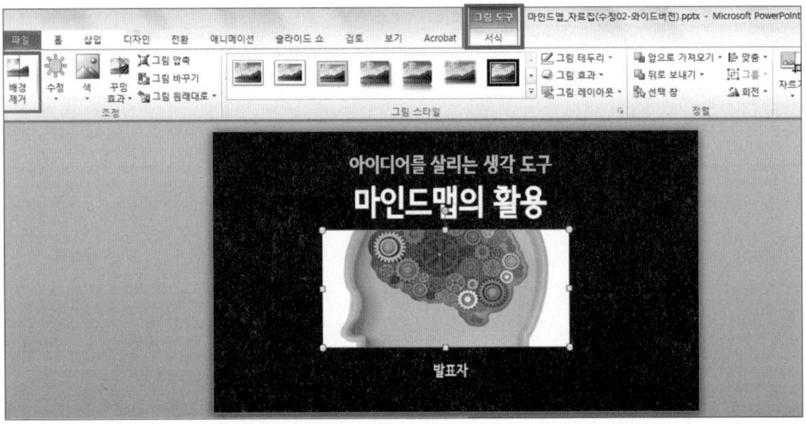

① 배경을 제거할 이미지를 선택하고 [그림 도구] – [서식] – [배경 제거] 메뉴를 클

릭한다.

② 해당 이미지에서 흰색 외곽선 테두리를 조정하여 배경이 제거될 영역을 설정한다. 사람 형태의 이미지를 둘러싸고 있는 부분이 배경이 제거될 부분, 즉 삭제되는 부분이다. 배경 제거할 영역이 원활하게 선택되지 않을 시에는 왼쪽 상단의 [배경 제거] 메뉴에서 (+) 버튼, (-) 버튼을 이용하여 좀 더 삭제할 영역을 선택하거나 다시 제거된 영역을 살리는 부분을 지정할 수 있다.

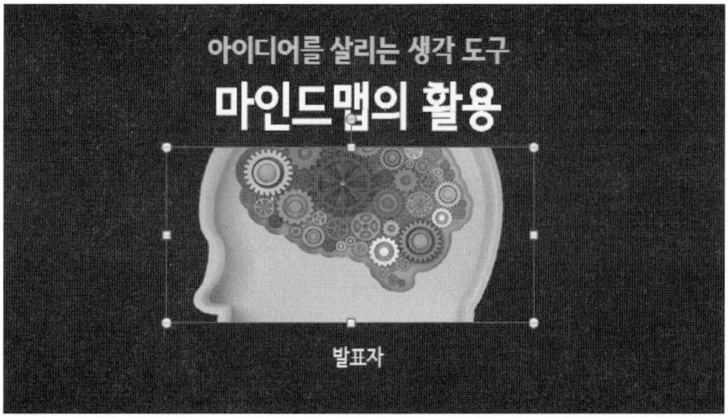

③ [배경 제거] – [변경 내용 유지] 버튼을 클릭하면 배경 제거가 완료된다.

(2) 파워포인트에서 이미지 오려내기

삽입한 이미지의 배경이 일정한 색상이 아니라 그라데이션 효과 또는 다양한 색 배경이 들어간 경우에는 [그림 도구] – [서식] – [배경 제거] 기능을 사용하기 힘들다. 이러한 경우 아래처럼 해당 이미지의 테두리를 오려낸 듯한 효과로 배경을 제거한 결과를 연출할 수 있다.

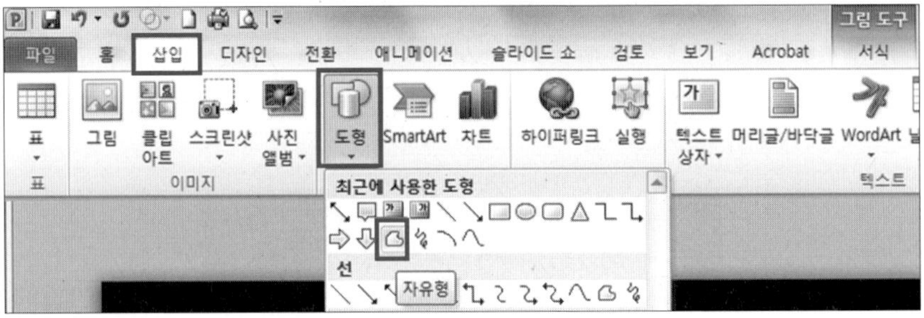

① [삽입] – [도형] – [자유형]을 선택한다.

② 자유형 선을 이용하여 그림 주변으로 테두리를 그린다. 그림 테두리가 자연스럽지 못할 때에는 마우스 오른쪽 버튼을 눌러 [점 편집]을 선택하면 테두리를 수정할 수 있다.

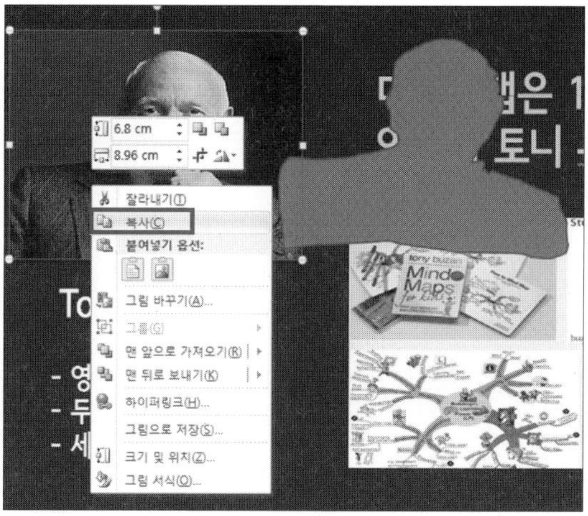

③ 원래 사진을 선택하고 마우스 오른쪽 버튼을 클릭하여 복사(Ctrl+C)해준다.

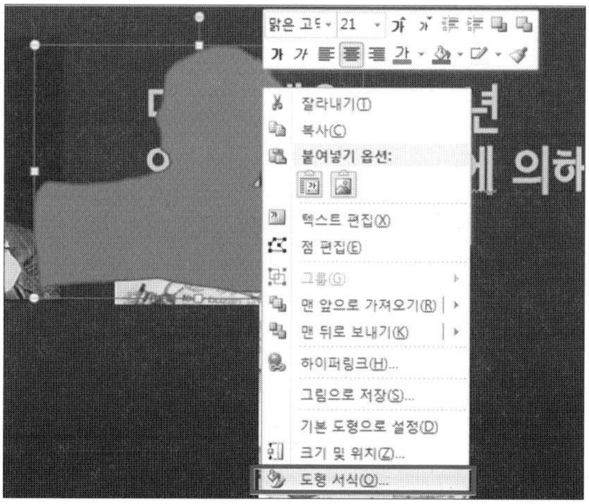

④ 자유형 선으로 그린 도형을 선택하고 마우스 오른쪽 버튼을 클릭하여 [도형 서식] 메뉴를 클릭한다.

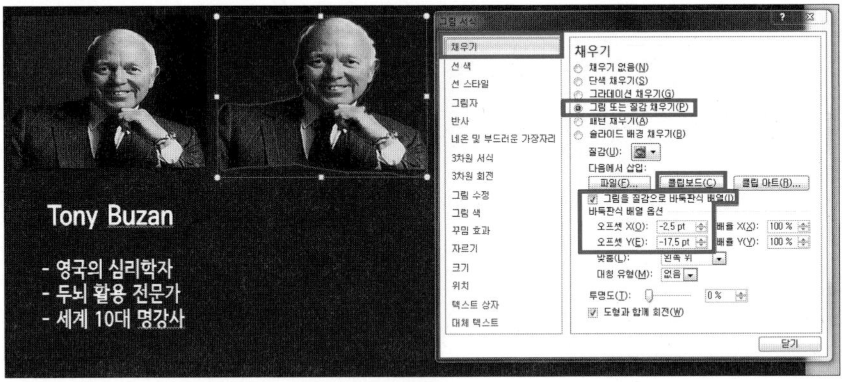

⑤ [도형 서식] 대화 상자에서 [채우기]–[그림 또는 질감 채우기]를 선택하여 [클립보드] 버튼을 클릭하면 복사한 이미지가 삽입된다.

⑥ 삽입된 원본 그림의 크기와 위치를 조정하기 위해 '그림을 질감으로 바둑판식 배열'에 체크하고 오프셋 X, Y 값을 조정하여 테두리에 그림을 맞춘다.

⑦ [도형 서식] 대화 상자에서 [선 색]–[선 없음]을 선택하고 [닫기] 버튼을 클릭하면 이미지 오려내기 효과를 완성할 수 있다.

(3) 파워포인트에서 이미지 단순화시키기

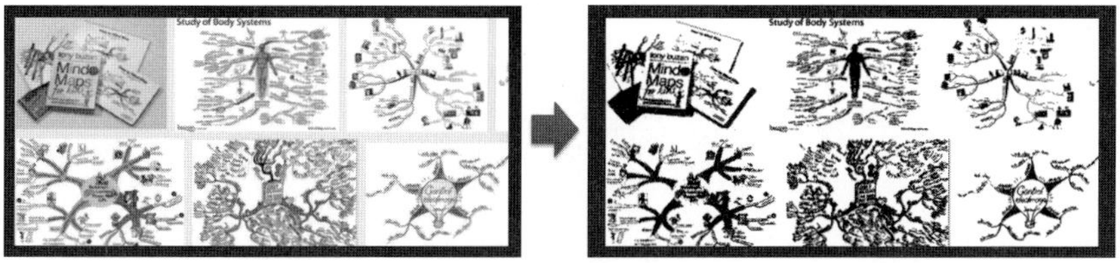

단일 색상으로 단순화한 이미지를 만들기 위해서는 [그림 도구]-[서식] 메뉴에서 [조정] 그룹의 [색]-[다시 칠하기]의 [흑백: 75%]를 선택하면 흑백으로만 최대한 색을 단순화시킨 픽토그램 이미지를 완성할 수 있다.

제2절 인포그래픽 활용과 실제 사례

1. 인포그램으로 차트 인포그래픽 만들기

인포그램(Infogr.am)은 다양한 기본 템플릿을 제공하며 양식에 따른 값만 입력하면 인포그래픽 차트로 만들어 주는 편리한 사이트다. 무료 계정을 사용하면 결과물을 다운로드할 수는 없지만 주소로 링크되는 공유기능은 사용할 수 있기 때문에 배포는 가능하다. 파워포인트 슬라이드에 삽입하려면 캡처 프로그램을 이용해 그림으로 저장한 후 삽입하면 된다.

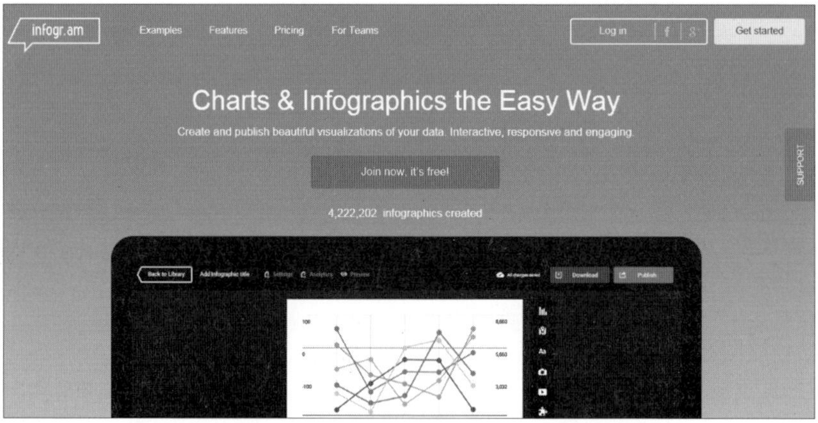

① 인포그램 사이트(http://infogr.am)로 접속하여 [Join now, it's free!]를 클릭하고 회원가입한 후 로그인한다.

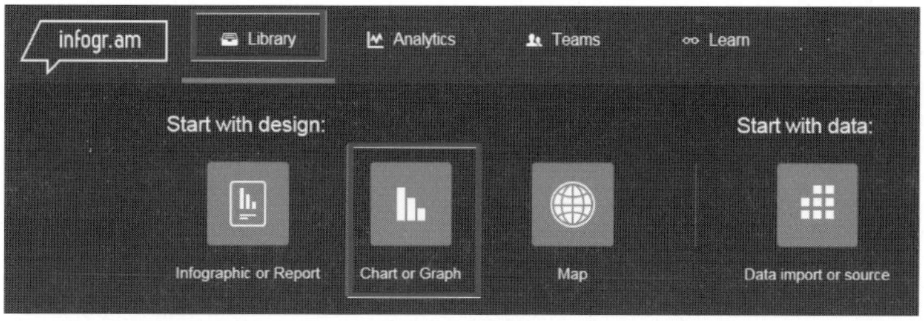

② 자신의 라이브러리(Library) 화면에서 [차트 그래프(Chart or Graph)] 메뉴를 선택한다.

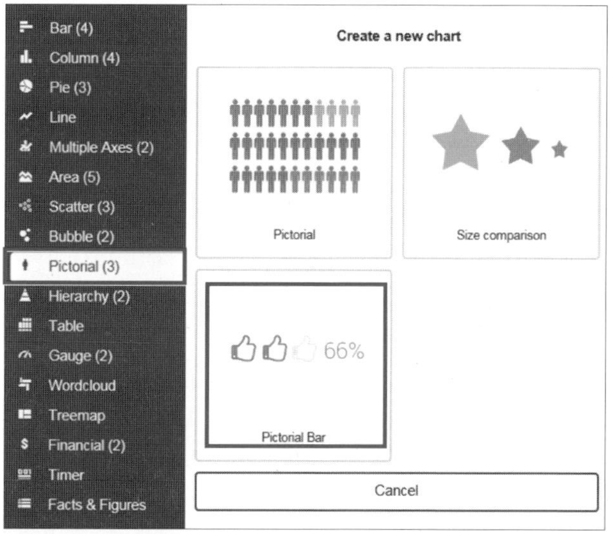

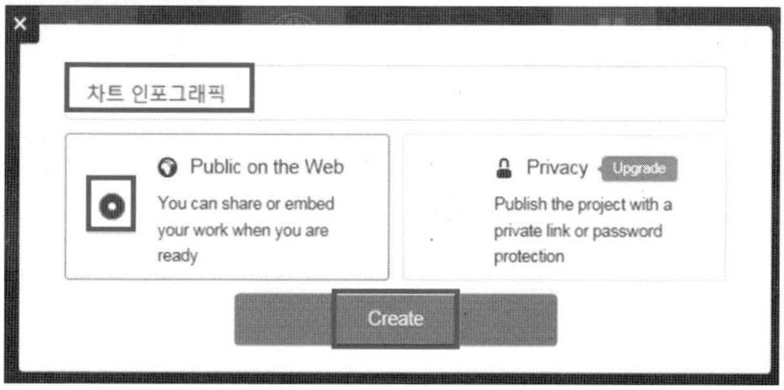

③ 원하는 차트 모양을 선택하고 차트 인포그래픽 제목과 공개 설정 여부를 체크한 후, [Create] 버튼을 클릭한다.

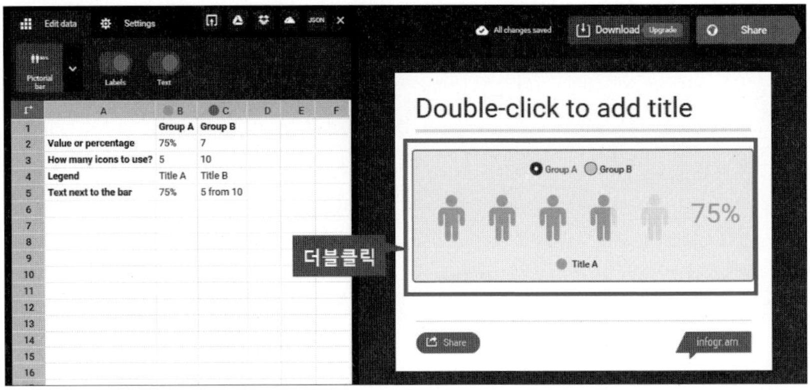

④ 차트를 더블클릭하면 왼쪽에 스프레드 시트 편집화면이 활성화되면서 차트 구성화면을 수정할 수 있다.

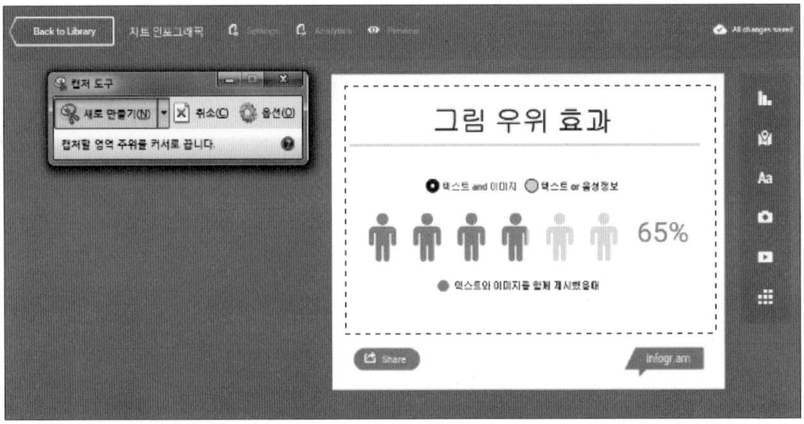

⑤ 파워포인트에서 활용하려면 캡처 도구를 이용하여 결과물을 캡처한 후 사용하면 된다.

2. 워드클라우드로 텍스트 인포그래픽 만들기

워드클라우드는 직접 입력한 텍스트 또는 URL 주소를 입력하여 해당 웹페이지에 게시된 텍스트를 분석을 통해 단어구름으로 생성해주는 무료 온라인 사이트다. 단어

구름은 입력된 내용에서 각 단어가 얼마나 자주 나타나는지 빈도를 분석하여 폰트 크기를 다르게 표현함으로써 개성있는 인포그래픽 자료로 만들어 준다. 가장 빈번하게 등장하는 단어는 크게 표현되고 단어구름의 모양이나 색상, 폰트 등을 원하는 대로 편집이 가능하다.

① 워드클라우드 사이트(http://www.tagxedo.com/app.html)로 접속하여 [Load] 메뉴를 클릭한다.

② [Load Menu] 창에서 'Enter Text:' 란에 텍스트를 입력하고 [Submit] 버튼을 클릭한다. 이때 'Webpage:' 란에 URL 주소를 삽입하면 해당 사이트에 들어있는 텍스트의 내용을 불러올 수 있다.

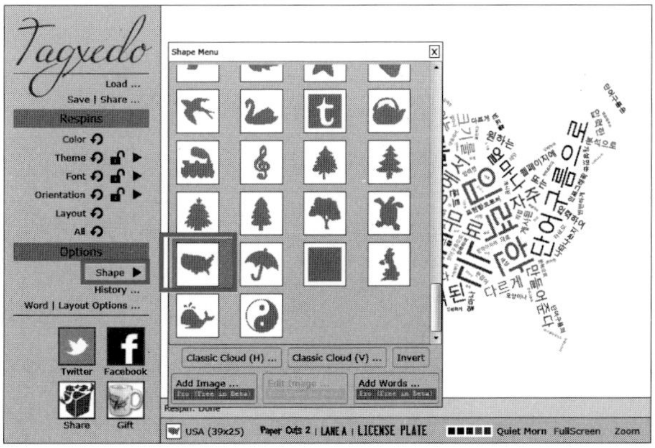

③ [Options] – [Shape] 메뉴를 선택하여 원하는 모양의 클라우드 구름모양으로 변경할 수 있다.

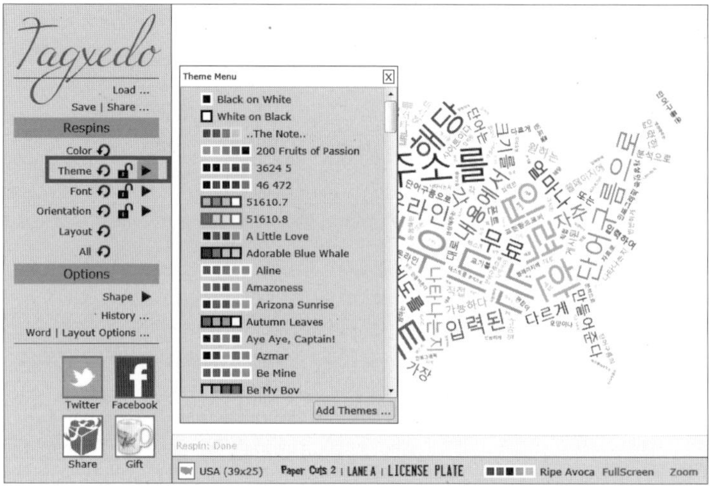

④ [Respins] – [Theme] 메뉴를 이용하면 다양한 색상 조합으로 이미지를 구성할 수 있다.

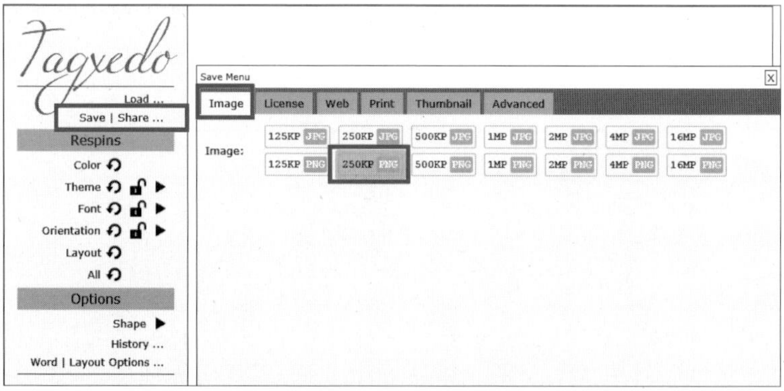

⑤ [Save|Share] 메뉴를 클릭하여 저장 메뉴 창의 [image] 탭에서 이미지 크기와 파일 형식을 선택한 후 저장한다. 이때 이미지 용량이 클수록 이미지 크기도 커진다.

3. SNS 프로필 인포그래픽 만들기

각종 SNS에 자신의 프로필 사진을 게재하며 스스로 자신의 이미지를 만들어가는 것이 자연스러운 흐름으로 자리 잡은 요즘, 캠페인과 관련된 이미지를 SNS상의 개인 프로필에 적용하기도 하고 SNS 마케팅이나 홍보를 위해 SNS용 프로필을 꾸미기도 한다. 저작권 걱정 없는 이미지 검색을 통해 나만의 SNS 프로필 인포그래픽을 제작해 보자.

(1) 저작권 무료 이미지 검색하기

① 구글 이미지 검색(http://www.google.com)

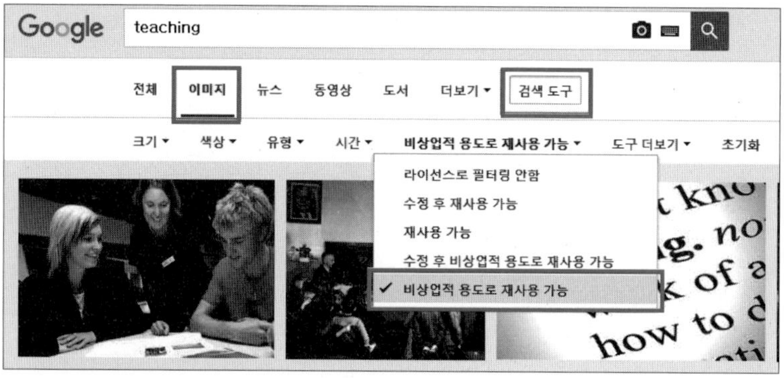

구글 이미지 검색 사이트에서 검색어를 입력한 후 [이미지] – [검색 도구] 메뉴를 클릭하여 사용권한을 '비상업적 용도로 재사용 가능'으로 선택하면 무료로 사용할 수 있는 이미지들이 검색된다.

② 픽사베이(http://pixabay.com)

픽사베이(Pixabay) 사이트는 사진, 벡터이미지, 일러스트 등 고화질의 다양한 이미지를 제공한다. 한글로 검색이 가능하며 저작권도 대부분 무료이기 때문에 활용도가 높다.

③ 언스플래시(http://unsplash.com)

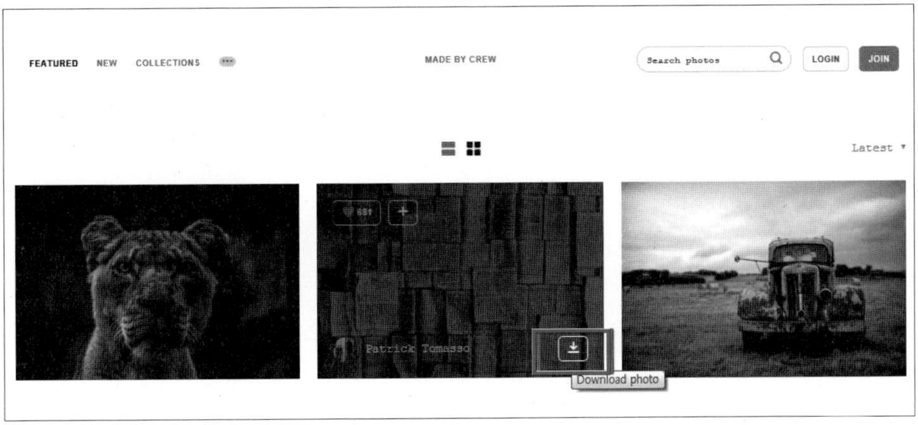

언스플래시(Unsplsh) 사이트는 10일에 한번씩 업데이트되는 사이트로 복사, 수정, 배포에 있어 상업적인 용도를 포함해 모두 무료로 이용할 수 있다.

Tip 이미지 출처 찾기

이미지를 다룰 때 저작권과 관련하여 사용권한 규정을 고려하다 보면 이미지에 대한 출처를 표기해야 할 경우가 생긴다. 특히, 이미지 파일의 출처를 메모해놓지 않고 작업을 계속하다 보면 어디서 해당 자료를 찾았는지 찾기가 힘들며, 더욱이 이전에 작업한 프레젠테이션 자료에 포함된 이미지의 출처는 더 찾기가 힘들다. 그러나 구글 이미지 검색 사이트를 이용하면 검색어를 텍스트가 아닌 이미지 파일로 직접 검색할 수 있다. 이미지로 검색한 결과는 이미지의 출처로 제시할 수 있을 뿐만 아니라 검색한 이미지와 유사하면서도 더 심화된 자료를 찾을 수도 있다.

① 구글 이미지검색 사이트(https://www.google.co.kr/imghp)에서 검색 입력창 옆의 카메라 모양의 아이콘을 클릭한다.

② [이미지 업로드] 탭을 클릭하고 [찾아보기] 버튼을 클릭하여 해당 이미지파일을 업로드한다.

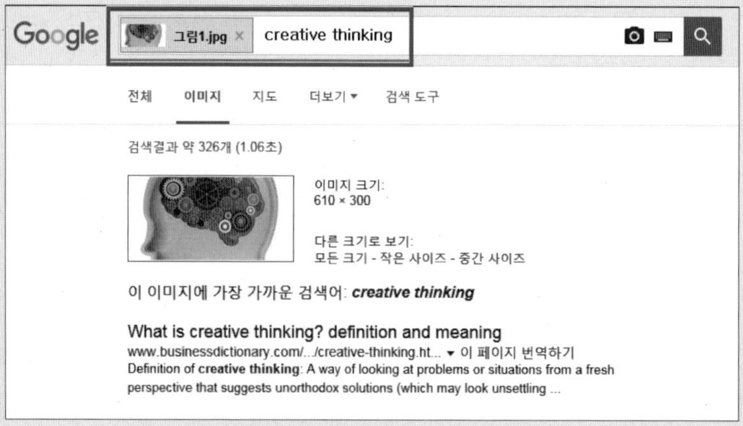

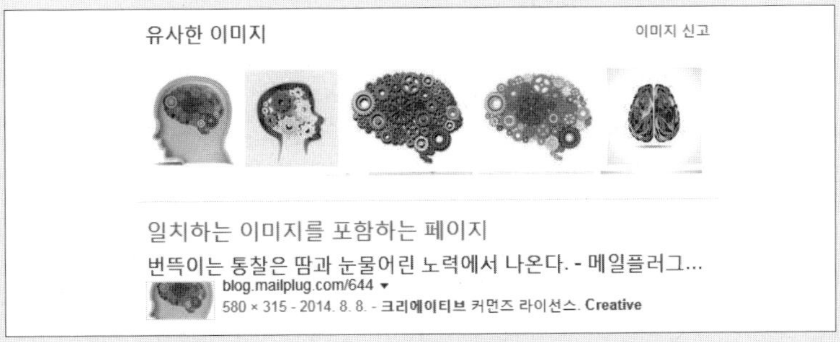

③ 업로드한 이미지 파일과 유사한 이미지부터 해당 이미지가 포함된 웹문서까지 검색된 결과를 확인할 수 있다. 이 중에서 해당 이미지의 출처로 제시할 수 있는 자료를 찾는다.

(2) 파워포인트로 SNS 프로필 인포그래픽 만들기

① 앞서 소개한 사이트(구글이미지 검색, 픽사베이, 언스플래시 등)에서 필요한 이미지를 준비한다.

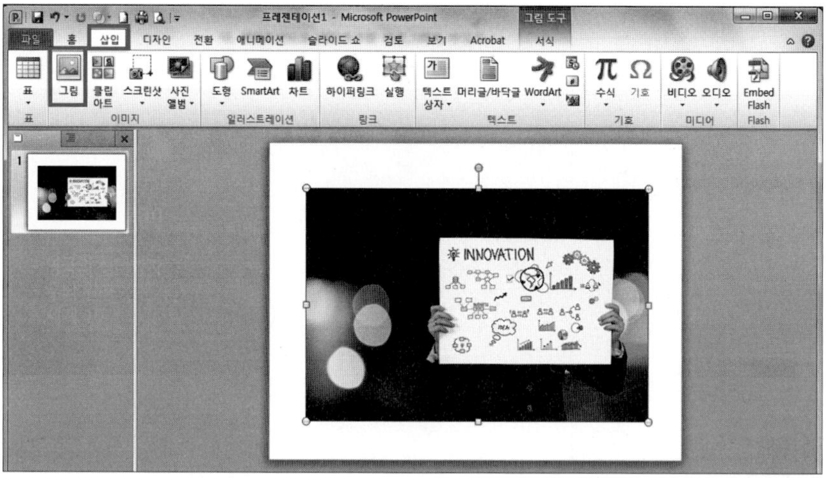

② 파워포인트에서 [삽입] – [그림] 메뉴를 클릭하여 준비된 이미지를 슬라이드에 삽입한다.

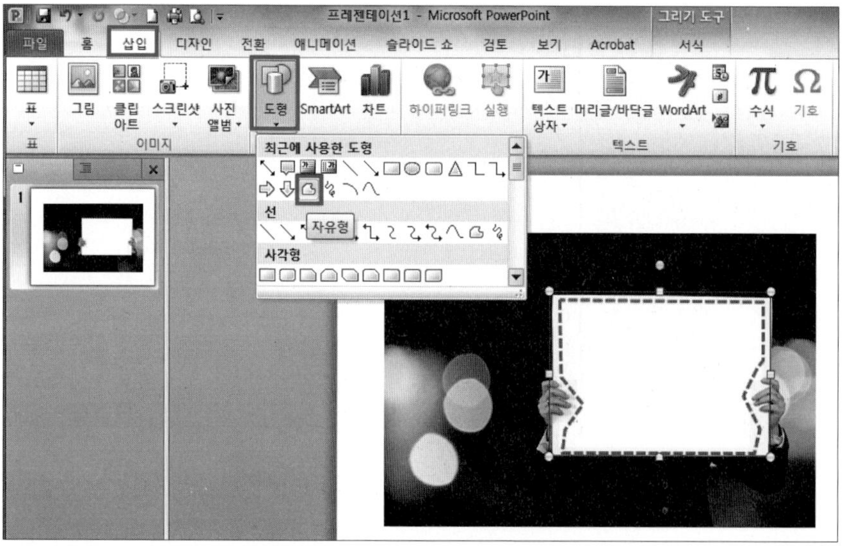

③ [삽입] – [도형]을 이용하여 이미지 위에 텍스트가 입력될 작업공간을 마련한다.

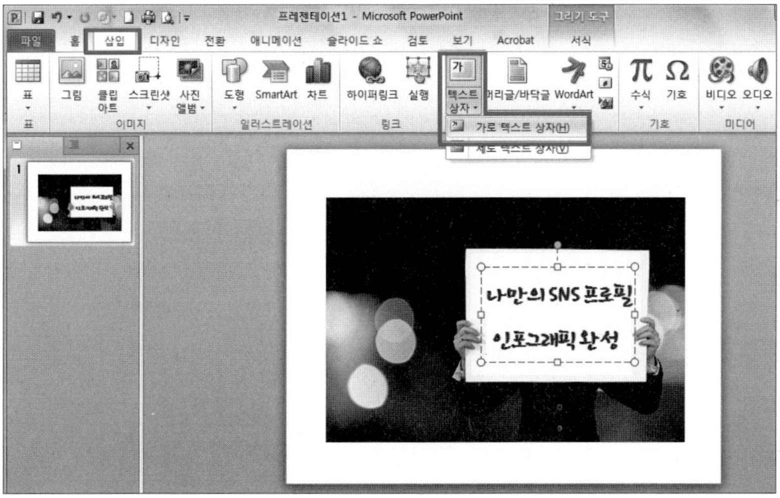

④ [삽입] – [가로 텍스트 상자] 버튼을 클릭하여 내용을 입력하고 배경이미지에 어울리고 텍스트의 전달력을 높일 수 있는 글꼴과 서식을 지정하여 꾸민다.

⑤ 배경 이미지와 텍스트 개체를 모두 선택(Ctrl+A)하고 마우스 오른쪽 버튼을 눌러 [그림으로 저장] 메뉴를 클릭한다.

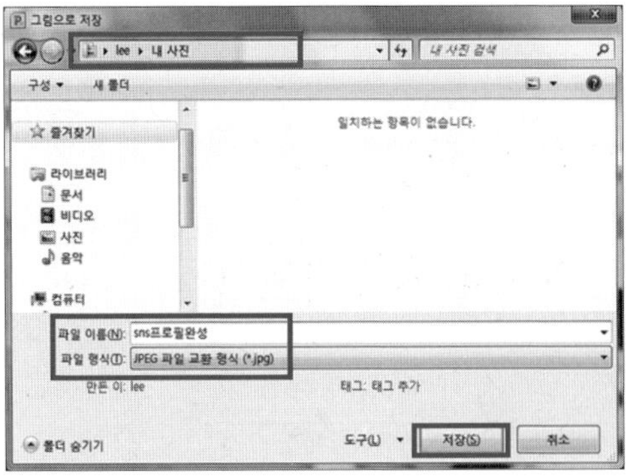

⑥ [그림으로 저장] 대화창에서 저장 위치와 파일이름을 지정하고 파일 형식은 '*.jpeg'으로 설정한 후 [저장] 버튼을 클릭하면 완성된다.

Tip SNS공지 인포그래픽 활용 예시

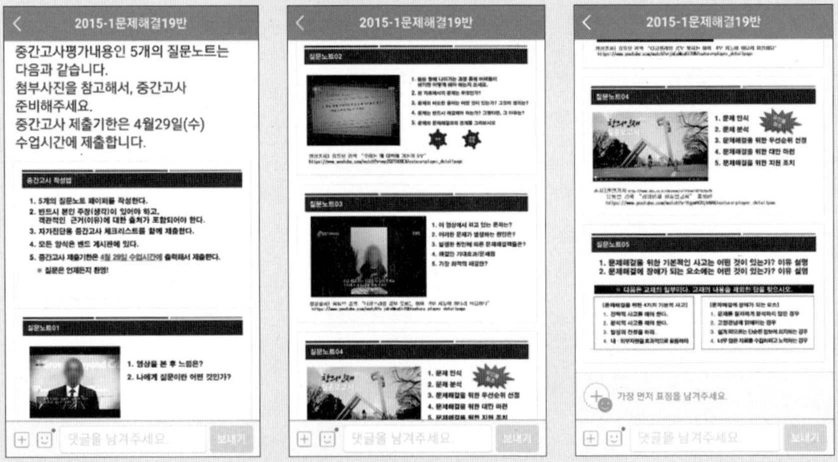

프레젠테이션(* .ppt)으로 제작된 강의 자료의 일부를 그림으로 저장하면 다음과 같이 SNS를 활용한 공지용 인포그래픽 자료로 활용할 수 있다.
파워포인트에서 슬라이드 내용을 그림 파일(* .jpg)으로 저장하는 방법은 첫째, ⑤번과 ⑥번의 설명과 같이 슬라이드 내의 개체를 모두 선택하고 마우스 오른쪽 버튼을 눌러 [그림으로 저장]을 클릭하면 된다. 둘째, [파일]-[다른 이름으로 저장] 메뉴를 클릭하여 파일 형식을 'JPEG 파일 교환 형식(* .jpg)'으로 설정한 후 저장하면 된다. 이렇게 저장된 이미지 파일을 SNS를 이용하여 학생들에게 수업관련 내용을 공지하는 예로 활용할 수 있다.

저자 소개

최명숙(Choi, Myoungsook)

경북대학교 가정교육과, 학사
텍사스A&M대학교(Texas A&M University) 교육공학 전공, 석사
텍사스A&M대학교(Texas A&M University) 교육공학 전공, 박사
고등학교 교사, 계명대학교 교수학습개발센터장 역임
현 계명대학교 교육학과 교수, 교육성과관리센터장, 한국교육정보미디어학회 부회장

이애화(Lee, Aehwa)

계명대학교 컴퓨터공학과, 학사
계명대학교 전산교육학 전공, 석사
계명대학교 교육공학 전공, 박사
현 계명대학교, 대구보건대학교 강사

스마트 학습을 위한 디지털 테크놀로지 활용
Utilizing Digital Technology for Smart Learning

2017년 1월 5일 1판 1쇄 인쇄
2017년 1월 10일 1판 1쇄 발행

지은이 • 최명숙 · 이애화
펴낸이 • 김진환
펴낸곳 • (주) 학지사
04031 서울특별시 마포구 양화로 15길 20 마인드월드빌딩
대표전화 • 02)330-5114 팩스 • 02)324-2345
등록번호 • 제313-2006-000265호

홈페이지 • http://www.hakjisa.co.kr
페이스북 • https://www.facebook.com/hakjisabook

ISBN 978-89-997-1105-3 93370

정가 16,000원

저자와의 협약으로 인지는 생략합니다.
파본은 구입처에서 교환해 드립니다.

이 도서의 국립중앙도서관 출판시도서목록(CIP)은 서지정보유통지원시스템 홈페이지(http://seoji.nl.go.kr)와 국가자료공동목록시스템(http://www.nl.go.kr/kolisnet)에서 이용하실 수 있습니다.
(CIP 제어번호: CIP2016026540)